北京一零一中生态智慧教育丛书——课堂教学系列

丛书主编　陆云泉　熊永昌

北京一零一中

走进指向化学核心素养的
生态·智慧课堂

ZOUJIN ZHIXIANG HUAXUE HEXIN SUYANG DE
SHENGTAI · ZHIHUI KETANG

牛彩霞　白光耀　著

北京理工大学出版社
BEIJING INSTITUTE OF TECHNOLOGY PRESS

图书在版编目（CIP）数据

走进指向化学核心素养的生态·智慧课堂／牛彩霞，

白光耀著 . -- 北京：北京理工大学出版社，2025.2.

ISBN 978 - 7 - 5763 - 5160 - 6

Ⅰ. G633. 82

中国国家版本馆 CIP 数据核字第 2025MW5135 号

责任编辑：李颖颖　　　**文案编辑**：辛丽莉
责任校对：周瑞红　　　**责任印制**：李志强

出版发行 / 北京理工大学出版社有限责任公司
社　　址 / 北京市丰台区四合庄路 6 号
邮　　编 / 100070
电　　话 / （010）68944439（学术售后服务热线）
网　　址 / http://www.bitpress.com.cn

版 印 次 / 2025 年 2 月第 1 版第 1 次印刷
印　　刷 / 廊坊市印艺阁数字科技有限公司
开　　本 / 710 mm × 1000 mm　1/16
印　　张 / 11.75
字　　数 / 202 千字
定　　价 / 62.00 元

作 者 名 单

组　长：牛彩霞　白光耀

副组长：杨晶晶　曾　璐

组　员（按姓氏拼音排序）：

陈莉莉　陈　争　郭富丽　汉　蓉　胡若欣

黄木兰　康永明　李　晨　李显伟　汪美荣

王淑娟　肖　品　于　璐　张晨雨　赵　娜

赵　莎　朱　琳　邹映波

丛书序

教育事关国计民生，是国之大计，党之大计。

北京一零一中是北京基础教育名校，备受社会的关注和青睐。自 1946 年建校以来，取得了丰硕的办学业绩，学校始终以培养"卓越担当人才"为己任，在党的"教育必须为社会主义现代化建设服务，为人民服务，必须与生产劳动和社会实践相结合，培养德智体美劳全面发展的社会主义建设者和接班人"的教育方针指引下，立德树人，踔厉奋发，为党和国家培养了一大批卓越担当的优秀人才。

教育事业的发展离不开教育理论的指导。时代是思想之母，实践是理论之源。新时代的教育需要教育理论创新。北京一零一中在传承历史办学思想的基础上，依据时代教育发展的需要，守正出新，走过了自己的"教育理论"扬弃、创新过程。

学校先是借鉴了苏联教育家苏霍姆林斯基的"自我教育"思想，引导师生在认识自我、要求自我、调控自我、评价自我、发展自我的道路上学习、成长。

进入 21 世纪以来，随着教育事业的飞速发展，学校在继续践行"自我教育"思想的前提下，开始探索"生态智慧"课堂，建设"治学态度严谨、教学风格朴实、课堂氛围民主、课堂追求高远"的课堂文化，赋予课堂以"生态""智慧"属性，倡导课堂教学的"生态、生活、生长、生命"观和"情感、思想、和谐、创造"性，课堂教学设计力求情景化、问题化、结构化、主题化、活动化，以实现"涵养学生生命，启迪学生智慧"的课堂教学宗旨。

2017 年党的十九大召开，教育事业进入了"新时代"，北京一零一中的教育指导思想由"生态智慧"课堂发展为"生态智慧"教育。北京一零一人在思考，在新的历史条件下发展什么样的基础教育，怎样发展中国特色、国际一流的基础教育这个重大课题。北京一零一人在探索中进一步认识到，"生态"意味着绿色、开放、多元、差异、个性与各种关系的融洽，所以"生态教育"的本质即尊重规律、包容差异、发展个性、合和共生；"智慧"意味着点拨、唤醒、激励、启迪，所以"智慧教育"的特点是启智明慧，使人理性求真、至善求美、务实求行，获得机智、明智、理智、德智的成长。

2019年5月，随着北京一零一中教育集团成立，学校办学规模不断扩大，学校进入集团化办学阶段，对"生态智慧"教育的思考和认识进一步升华为"生态智慧"教育。因为大家认识到，"生态"与"智慧"二者的关系不是互相割裂的，而是相互融通的，"生态智慧"意味着从科学向智慧的跃升。"生态智慧"强调从整体论立场出发，以多元和包容的态度，欣赏并接纳世间一切存在物之间的差异性、多样性和丰富性；把整个宇宙生物圈看成一个相互联系、相互依赖、相互存在、相互作用的一个生态系统，主张人与植物、动物、自然、地球、宇宙之间的整体统一；人与世界中的其他一切存在物之间不再是认识和被认识、改造和被改造、征服和被征服的实践关系，而是平等的对话、沟通、交流、审美的共生关系。"生态智慧"教育是基于生态学和生态观的智慧教育，是依托物联网、云计算、大数据、泛在网络等信息技术所打造的物联化、智能化、泛在化的教育生态智慧系统；实现生态与智慧的深度融合，实现信息技术与教育教学的深度融合，致力于教育环境、教与学、教育教学管理、教育科研、教育服务、教育评价等的生态智慧化。

学校自2019年7月第一届集团教育教学年会以来，将"生态智慧"教育赋予"面向未来"的特质，提出了"面向未来的生态智慧教育"思想。强调教育要"面向未来"培养人，要为党和国家培养"面向未来"的合格建设者和可靠接班人，要教会学生面向未来的生存技能，包括学习与创新技能、数字素养技能和职业生活技能，要将学生培养成拥有创新意识和创新能力的拔尖创新人才。

目前，"面向未来的生态智慧教育"思想已逐步贯穿办学的各领域、各环节，基本实现了"尊重规律与因材施教的智慧统一""学生自我成长与学校智慧育人的和谐统一""关注学生共性发展与培养拔尖创新人才的科学统一""关注学生学业发展与促进教师职业成长的相长统一"。在"面向未来的生态智慧教育"思想的指导下，北京一零一中教育集团将"中国特色国际一流的基础教育名校"确定为学校的发展目标，将"面向未来的卓越担当的拔尖创新人才"作为学校的学生发展目标，将"面向未来的卓越担当的高素质专业化创新型的生态智慧型教师"明确为教师教育目标。

学校为此完善了教育集团治理的"六大中心"的矩阵式、扁平化的集团治理组织；研究制定了"五育并举""三全育人""家庭—学校—社会协同育人""线上线下—课上课后—校内校外融合育人""应试教育—素质教育—英才教育融合发展"的育人体系；构建了"金字塔式"的"生态智慧"教育课程体系；完善了"学院—书院制"的课程内容建设及实施策略建构；在教育集团内部实施"六个一体化"的"生态智慧"管理，各校区在"面向未来的生态智慧教育"思想指引下，传承自身文化，着力打造自身的办学特色，实现各美其美、美美与共。

北京一零一中教育集团着力建设了英才学院、翔宇学院、鸿儒学院和 GITD（Global Innovation and Talent Development）学院，在学习借鉴生态学与坚持可持续生态发展观的基础上，追求育人方式改革，开展智慧教育、智慧教学、智慧管理、智慧评价、智慧服务等实验，着力打造了智慧教研、智慧科研和智慧学研，尤其借助国家自然科学基金项目《面向大中学智慧衔接的动态学生画像和智能学业规划》和国家社会科学基金项目《基础教育集团化办学中学校内部治理体系和治理能力建设研究》的研究，加快学校的"生态智慧"校园建设，借助 2019 年和 2021 年两次的教育集团教育教学年会的召开，加深了全体教职员工对于"面向未来的生态智慧教育"思想的理解、认同、深化和践行。

目前，"面向未来的生态智慧教育"思想已深入人心，成为教育集团教职员工的共识和工作指导纲领。在教育教学管理中，自觉坚持"道法自然，各美其美"的管理理念，坚持尊重个性、尊重自然、尊重生命、尊重成长的生态、生活、生命、生长的"四生"观；在教师队伍建设中，积极践行"启智明慧，破惑证真"的治学施教原则，培养教师求知求识、求真求是、求善求美、求仁求德、求实求行的知性、理性、价值、德性、实践的"智慧"观；在拔尖创新人才培养中，立足"面向未来"，培养师生能够面向未来的信息素养、核心素养、创新素养等"必备素养"和学习与创新、数字与 AI 运用、职业与生活等"关键能力"。

北京一零一中教育集团注重"生态智慧"校园建设，着力打造面向未来的"生态智慧"教育文化。在"面向未来的生态智慧教育"思想的引领下，各项事业蓬勃发展，育人方式深度创新，国家级新课程新教材实施示范校建设卓有成效;"双减"政策抓铁有痕,在借助"生态智慧"教育手段充分减轻师生过重"负担"的基础上,在提升课堂教学质量、高质量作业设计与管理、供给优质的课后服务等方面,充分提质增效;尊重规律、发展个性、成长思维、厚植品质、和合共生、富有卓越担当意识的"生态智慧"型人才的培养成果显著;面向未来的卓越担当型的高素质专业化创新型的"生态智慧"型教师队伍建设成绩斐然;教育集团各校区各中心的内部治理体系和治理能力建设成绩突出;学校的智慧教学,智慧作业,智慧科研,智慧评价,智慧服务意识、能力、效率空前提高。北京一零一中教育集团在"面向未来的生态智慧教育思想"的引领下正朝着"生态智慧"型学校迈进。

为了更好地总结经验、反思教训、创新发展,我们启动了"面向未来的生态智慧教育"丛书编写。丛书分为理论与实践两大部分,分别由导论、理论、实践、案例、建议五篇章构成,各部分由学校发展中心、教师发展中心、学生发展中心、课程教学中心、国际教育中心、后勤管理中心及教育集团下辖的十二个校区的相关研究理论与实践成果构成。

本套丛书的编写得益于教育集团各个校区、各个学科组、广大干部教师的共同努力,在此对各位教师的辛勤付出深表感谢。希望这套丛书所蕴含的教育教学成果能够对海淀区乃至全国的基础教育有所贡献,实现教育成果资源的共享,为中国基础教育的发展提供有益的借鉴和帮助。

中国教育学会副会长
北京一零一中教育集团总校长
中国科学院大学基础教育研究院院长

　　北京一零一中始终坚持生态智慧教育理念，走在教育改革的前列。生态智慧课堂正是在这种背景下提出的，它追求的是构建生命成长和智慧生成的场域，以帮助学生在完整情境中完成知识的习得，更能通过鼓励学生运用所学知识解决实际问题，实现从已知到未知的飞跃。在生态智慧教育理念的引领下，我校系统地推进了教与学的创新实践。通过深度解构学科教学中生态智慧教育的内涵特质与价值维度，我们着力构建了生态智慧课堂的理论框架与实践路径。这一系列探索不仅营造出和谐共生、多元互动、创新发展的教育生态，更有力地促进了学生的全面发展，使其形成对自然生态与社会环境的深刻认知及责任担当。

　　化学学科是一门建立在实践上的自然学科，它承载着人类对物质世界本质的不懈探索，蕴含着推动社会进步与文明发展的强大力量。生态智慧课堂理念为化学教学注入了新的活力，通过重构教学范式，实现了三个维度的提升：教学目标更具层次性与生成性；教学策略更趋合作性与开放性；教学实施更重生活化与社会化。这一理念促使教师的"教"与学生的"学"突破课堂边界，与真实世界深度联结，最终实现教育的本质价值——唤醒学生的自主发展潜能。在化学生态智慧课堂中，可通过多种学习方式，如项目式学习、深度学习等为教师开辟探索的道路；为学生寻找真实的问题素材，打造真实的学习环境，提供多元的学习方式；构建师生之间教与学的动态平衡与动态转化，使师本课堂到生本课堂再到生态智慧课堂也成为了必然的发展趋势。

　　白光耀老师是北京一零一中化学学科教研组长，学术委员会委员，北京市海淀区学科带头人。白光耀老师在一零一中化学教学领域深耕二十余载，兢兢业业，成绩斐然。他多年担任化学学科竞赛教师、高三教学把关教师，所指导的学生多次在奥林匹克化学竞赛中获奖，所带的学生高考成绩优异；他指导的青年教师也在各级比赛中荣获奖项。牛彩霞老师是北京一零一中化学学科教师，北京市海淀区学科带头人，海淀区三八红旗手，海淀区四有教师标兵，北京师范大学分析化学博士。牛彩霞老师虚心好学，勤奋努力，研究能力强，在一零一中从事教学工作八年，已取得丰硕成果，曾主持、参与多项课题，在《化学教学》等核心期刊发表多篇文章。

北京一零一中化学教研组多年来始终坚持教育教学改革，积极面对化学教育领域不断涌现的新理念、新方法、新技术，创新教学方式，关注学生的终身发展。我校化学教研组目前有特级教师、正高级教师 1 名，高级教师多名，博士研究生 12 名，老教师积累了丰富的教学和科研经验，且重视传承与创新，年轻教师学历高，具备很强的科研能力，在老教师积淀和年轻教师新思想相互碰撞中，大家打造出了这本《走进指向化学核心素养的生态·智慧课堂》。

《走进指向化学核心素养的生态·智慧课堂》凝聚了北京一零一中化学教研组成员的智慧和汗水，它建构了化学学科生态智慧课堂模式并详细阐述了初中、高中课堂的实施路径、案例和评价体系，适合相关教师阅读。对于教师的常规教学而言，它提供了丰富和可以参考的案例；对于教师的专业发展和个人成长而言，它更是提供了一种先进的教学理念和研究方向，为培养学生的核心素养注入了新的活力。

所有过往，皆为序章。我们期待，这本书的出版，能让新一代化学研究者以更开放的视野、更深刻的洞察和更负责的担当，在分子世界与生态系统的交织中，书写属于这个时代的科学传奇。

北京一零一中书记、校长
熊永昌

　　社会呼唤极富坚定理想信念、高强本领才干、积极创新精神、勇于努力实践的高素质人才。在这样的社会背景下，能用现有知识和能力以及科学方法解决实际问题的能力，成为影响学生未来发展和终身学习的关键能力。北京一零一中致力于培养卓越担当、面向未来的德智体美劳全面发展的优秀人才，在教育改革的大背景下，学校坚持守正出新，遵循教育发展规律，以学科核心素养培养为主线，推进国家课程校本化的实施，探讨和解决核心素养的难题。

　　在以往的教学中，我们发现学生在化学学习中面临着很多困难，尤其是在解决实际问题时，很难将课堂所学知识与实际生活相联系。而北京教育考试院精神明确提出化学学科应以考查核心素养和关键能力为主导，减少死记硬背的知识性考查，促进学生有效学习，坚持"宽广融通"。无论是中考还是高考，都重在核心素养的考查。《义务教育课程方案和课程标准（2022）年版》提到了素养导向的教—学—评—考一致性、一体化。因此，研发新课堂，提升学生解决问题的能力，发展核心素养，是所有教育工作者都要研究的课题。

　　为解决此问题，北京一零一中化学教研组全体教师积极参与，结合生态智慧课堂的理念和课程标准提出了化学核心素养，构建了极具化学特色的血红素模型，将化学核心素养与四个场域完美结合，而激发其功能的因素便是课堂实践。在这种理念的指导下，开发教学案例，探索实施路径，学校教学取得了阶段性的成果。我们将成果整理出来，形成了本书。

　　可以说，这是为中学化学教师打造的一本参考书。本书第1章介绍了中学化学生态智慧课堂教学资源建设的研究背景和研究方案，其中重点介绍化学教研组提出的生态智慧课堂血红素模型。在该模型的指导下，我们结合中学化学课程内容和课程标准，查阅资料，在不同学段开发课程，最终精选了6篇初中教学案例论文，15篇高中教学案例论文，从物质与性质、化学反应原理、物质结构与性质、化学与社会发展等领域进行探索。在每一篇论文之后，我们还附加了案例分析，以生态智慧课堂的视角深入挖掘案例的教学价值，供广大同人参考。

　　每一次的改革和创新，背后都是教师的辛勤付出。本书凝聚了我校化学教研组全体成员的心血。在研究中我们慢慢体会到，教学相长，圆融共生，学生的成长也是教师的成长，生态智慧课堂带给我们的收获和欣喜随着生命的脉络蔓延。我们的研究之路还很长，途中一定还有很多艰辛，但心若有所向往，何惧道阻且长，我们会继续坚持下去。也欢迎有识之士加入我们，让我们一起谱写化学学科的新篇章。

著　者

目　录

第 1 章

中学化学生态·智慧课堂教学资源建设意义

■ 第1节 资源建设研究背景

1. 化学学科核心素养

学科核心素养是学科育人价值的集中体现，是学生通过学科学习而逐步形成的正确价值观、必备品格和关键能力。化学与经济发展、社会文明关系密切，它促进了人类文明的可持续发展，是揭示从元素到生命奥秘的核心力量。义务教育化学学科课程培养的核心素养主要包括化学观念、科学思维、科学探究与实践、科学态度与责任，体现了化学学科育人的基本要求，全面展现了化学课程学习对学生发展的重要价值。高中化学学科核心素养是对义务教育化学学科课程培养的核心素养的深化和发展。高中化学学科的核心素养包括五个维度，其中"宏观辨识与微观探析""变化观念与平衡思想""证据推理与模型认知"体现了具有化学学科特质的思想和方法，"科学探究与创新意识"从实践层面激励创新，"科学精神与社会责任"进一步揭示了化学学习更高层面的价值追求。学生在学习化学的过程中，除了要学会基本知识、提高应试能力，更重要的是学会自主构建化学学科分析、解决问题的思维方法，例如宏微结合、守恒思想、平衡思想等，学会用实验的方法探究问题并能规范表达现象、归纳结论等，以及形成创新意识、提高创新能力和增强社会责任感。

2. 聚焦核心素养的生态·智慧课堂模式

教育的本质是成全与唤醒，是帮助学生发现自己的智慧潜能；唤醒学生的自觉，是教育应该努力的方向。如何让学习真实发生，便是生态·智慧课堂探索的起点。生态·智慧课堂是北京一零一中学在坚守自我教育理念的前提下提出的创新性课堂教学，是学校为了更好地把握教育综合改革的趋势，落实核心素养的要求，实现卓越担当、指向未来的人才培养目标的课堂内涵和追求。

2016 年 9 月，《中国学生发展核心素养》正式公布，构建了"三个方面、六大素养、十八个基本点"的核心素养体系，其特征是关注人的整体实现、强调对现代社会的适应性、注重"教育"和"育人"的和谐统一。基于核心素养的教学模式应注重"教"与"学"的重塑，追求不教之教的过程。

生态·智慧课堂追求的是建构生命成长和智慧生成的场域。在核心素养的引领下，课堂形态与学习方式要追求更加真实、自然、综合化，不仅有助于学生在完整情境中完成知识的学习，而且鼓励学生运用所学知识解决实际问题，使学生实现从已知到未知的飞跃。

3. 国内外研究现状述评

生态·智慧课堂是北京一零一中学提出的创新教育教学模式，自我教育理念下的有效教学是生态·智慧课堂的有效价值追求。首先要明确自我教育的五个关键要素，即自我唤醒、自我认识、自我规划、自我发展、自我实现。其次要把握有效教学的五个关键行为，即清晰授课、多样化教学、任务导向性、学生投入度、学生成功率。最后形成以自我教育为基础的有效教学，培养未来的担当人才。如此孕育而生的课堂，其评价必然要多元化，因此，生态·智慧课堂要做到评价主体多元、评价内容多元、评价方式多元。课堂的起点是学生，最终目的是让学生健康发展和幸福成长，其评价指标的根本原则便是关注学生主体的生命健康，遵循学生学习规律和个体发展规律，让课堂成为师生提升生命质量的和谐生态场。围绕生态·智慧课堂的理念，各学科教师在寻找和钻研课堂实践的方法和模式。如何在课堂中营造四个场域的同时聚焦学科核心素养的培养是仍需要进一步研究和探讨的问题。

■ 第 2 节 资源建设研究基础

1. 学情调研分析

高中化学课程目标要求：增强探究物质性质和变化的兴趣，关注与化学有关的社会热点问题，认识环境保护和资源合理开发的重要性，具有"绿色化学"观念和可持续发展意识，能较深刻地理解化学、技术、社会和环境之间的相互关系，认识化学对社会发展的重大贡献，能运用已有知识和方法综合分析化学过程对自然可能带来的各种影响，权衡利弊，强化社会责任意识，积极参与有关化学问题的社会决策。

化学是一门理科类学科，化学教师要更加关注对学生核心素养的培养，因为核心素养是学生终身发展和面向社会需求的必备品质与关键能力，而这一品质和能力的表现就是解决问题。在高一、高二的教学中，我们发现学生对于课本知识的学习是孤立的、脱离实际的，学生感觉化学是枯燥的、无用的，这无形中降低了学生学习化学的兴趣，增加了学生学习的难度，不利于教学效果的提升。近年来，中高考试题也始终坚持以能力测试为主导，全面检测考生的化学核心素养，这很好地回应了社会对培养学生核心素养的关切。中高考试题对于化学知识的考查方式是以情境带动知识、能力、方法，注重联系生产生活实际，通过情境整合知识，按照问题情境的逻辑关系和思维脉络来设计。而考生暴露的最大问题就是不能在考场上解读、分析信息，尤其是面对新的情境，更是无从下手，从而导致严重失分。由此可见，在化学日常教学中提升学生解决问题的能力迫在眉睫。因此，筛选合适的教学素材，创造真实情境，将学生置身于四个场域中学习，对于学生化学学习兴趣的培养、成绩的提高、核心素养的落实以及社会责任意识的提高都具有重要意义。

2. 学科组已有基础

北京一零一中学化学教研组教师具有教学和科研的热情和能力，对于提升学科教学质量有很高的诉求。教师专业化水平高，资深教师积累了丰富的教学和科研经验，且重视传承与创新，年轻教师学历高，具备一定科研能力。大家的研究时间集中、具体、明确，课题组成员均是一线任课教师，有足够的时间和精力进行课堂实践研究，可以做到把教学和研究两者有机结合起来。

北京一零一中学化学教研组不断进行课堂教学模式的探究与实践研究，例如，海淀区教育科研"十五"规划重点课题《高中化学教学中探究式学习的探索》，海淀区教育科研"十一五"规划课题《在中学化学教学中转变学生学习方式的策略研究》，海淀区教育科研"十二五"规划课题《化学课堂学生有效活动的设计及评价方法研究》，北京市教育科学规划 2010 年度重点课题《基于新课程背景下学案导学教学模式研究》，2013 年加入北京师范大学化学教育研究所的《基于专家支持的高中化学新课程高端备课及教学实践研究》。这些研究，加深了教师对化学学科的理解，也为本课题的开展打下了良好基础。

本教研组成员在项目式教学、单元教学中积累了大量的经验，我们参与课题，承担公开课，在《化学教学》等核心期刊发表多篇论文，出版专著《阅微知著——中学化学学科阅读指导用书》等，可借鉴资料十分丰富。总之，从创新教学方式到转变学生的学习方式，从探索学科本质到研究学生认知方式和思维模式，从开发校本教材到建构化学特色课程，本教研组的教师都有极强的探索欲望，始终走在化学教学改革和探索的前列。

■ 第3节　资源建设研究意义

对生态·智慧课堂模式的探究是落实学生核心素养的助推剂。课堂教学改革首先关注的是师生在课堂中的地位和作用，强调重塑教与学的关系，使教学成为不教之教的过程。而有些教学实践只在形式上强调学生学习的自主性，却不注重其内涵，将平等的师生关系当作口号，没能体现在推进课堂教学的过程中；又或是存在对学生是学习主体的过分解读，带来教师角色错位的现象，其背后折射出的是总想凸显某一主体的倾向。这些在很大程度上都是没有良好的课堂载体所致的。生态·智慧课堂追求使教师的"教"和学生的"学"与生活实际相结合，从而使课程与社会相结合，由此真正发挥教育的作用——让学生成为真正的自己。为学生寻找真实的问题素材，打造真实的学习环境，提供多元的学习方式，构建师生之间教与学的动态平衡与动态转化，从师本课堂到生本课堂再到生态·智慧课堂也成为必然的发展趋势。此外，自主、合作、探究的方式虽然贴近学生生命成长的需要，但是学生的个人发展必定会因生活现实、知识背景、思维方式等的不同而造成发展速度和发展水平的差异，甚至出现两极化现象。这就要求教师应有效地组织和调控，努力为学生创造自由开放的个性化课堂，以利于学生的情感世界在自由和谐的氛围中陶冶与美化，将学生带出课堂，在生活中体验，在体验中成长，强调体验的个性化，使每个学生在课堂中在原有基础上最大可能地可持续发展。

对生态·智慧课堂模式的探究是提升教师专业发展的驱动力。为打造"启迪智慧、成就生命"的课堂，教师首先要主动做出改变，从"指向知识"的教学转变为"指向核心素养"的教学。鼓励教师通过言传身教，潜移默化地影响学生，探寻"教书"和"育人"之间的平衡点，打破学科知识过死、破碎的局面，帮助学生在学科边界寻找融合点、共同点，培养学生的综合能力和实践创新能力。

对生态·智慧课堂模式的探究是学校对核心素养的校本化表达。生态·智慧课堂是北京一零一中学自我教育理念的追求与诠释，坚持立德树人的根本，将素质教育反映在整个教育教学之中，反映在课程、教学、评价、管理中，反映在学校的显性和隐性文化中。生态·智慧课堂这一创新性课堂教学模式，必将逐渐塑造出新的学习方式与课程体系，甚至打破原有的学习时间与空间，这不仅是各学科之间的有效融合，更是学校空间、课程与技术的融合，将引领学校文化建设。

第 4 节　资源建设研究方案

1. 研究目标

本课题将聚焦化学学科核心素养的要求，开展关注学生生命成长和智慧生成的化学生态・智慧课堂教学实践研究，深化课堂教学改革，提高课堂教学质量；在课程标准的引领下，将"宏观辨识与微观探析""变化观念与平衡思想""证据推理与模型认知""科学探究与创新意识""社会责任与科学精神"五大核心素养与生态・智慧课堂的属性有机结合；探索具有化学特色的"生态"与"智慧"；利用课堂教学实践的研究形式，构建化学生态・智慧课堂的理念，打造化学生态・智慧课堂模型，开拓课堂实践之路。

2. 研究内容

（1）化学生态・智慧课堂的模型建构。

化学生态・智慧课堂的模型如图 1 – 1 所示。

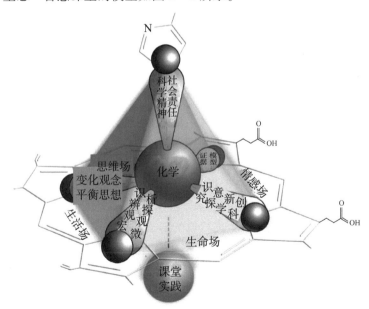

图 1 – 1　化学生态・智慧课堂的模型

化学生态・智慧课堂模型的灵感来源于血红素分子。它是中心以 Fe^{2+} 的 sp^3d^2 形式杂化而成的原卟啉分子，该分子原本没有结合氧气的能力。当平面上方组氨酸分子出现，占据 Fe^{2+} 的第五个轨道时，轨道键角发生变化，从而能够产生足够空间在第六轨道结合氧气，完成氧气的装载，从而实现血红素的生命功能，构型的形成具有重要的意义。

课堂模型则是以化学为中心，核心素养的五个维度分别形成五个分子杂化轨道，构成了四方锥构型模型。其中，科学精神与社会责任是化学学习更高层面的价值追求，占据中心位置；生态·智慧课堂的四个场域——生命场、生活场、思维场、情感场，分别是化学学科核心素养三三组合而形成的四个三角面，构成了和谐统一、各有侧重的共生体系。在这样的体系下实施课堂实践，能够帮助学生全方位获得核心素养、综合能力，实现教与学的和谐统一。

生态·智慧课堂的核心目标是走向核心素养的教与学。学校生态·智慧课堂追求的是构建生命成长和智慧生成的场域，包括生命场、生活场、思维场、情感场，这与化学学科核心素养的五个维度高度契合，但又各有侧重，相辅相成。在核心素养的五个维度中，"科学精神与社会责任"是化学学习更高层面的价值追求，具有极其重要的作用，在以这一素养为要求的背景下，素养之间相互结合，产生了不同的场域。

1）生命场：课堂的一切缘起和归宿都是生命的健康成长。

化学学科素养中的宏观辨识与微观探析、科学探究与创新意识及科学精神与社会责任形成了生命场。宏观辨识与微观探析和科学探究与创新意识两大素养为生命的健康成长保驾护航——让学生既能以客观、科学的角度认识生命，进行生命初体验，又能不断推陈出新，体验生命中每一次变化、成长带来的喜悦，有利于每一个生命的健康成长。

2）生活场：让学生在活动中体验，在体验中成长。

化学学科素养中的宏观辨识与微观辨析、变化观念与平衡思想及科学精神与社会责任形成了生活场。宏观辨识与微观辨析和变化观念与平衡思想为学生提供了生活体验馆——让学生体验大千世界的包罗万象，探索微观世界的精美绝伦，寻找生活的自然法则，掌握生活的艺术。

3）思维场：课堂有利于学生高智慧的形成与发展。

化学学科素养中的变化观念与平衡思想、证据推理与模型认知及科学精神与社会责任形成了思维场。变化观念与平衡思想和证据推理与模型认知两大素养为学生打造了思维训练营——让学生面对变幻无穷的化学物质提出大胆的假设，运用模型在千丝万缕的线索中梳理逻辑，解决实际生活问题。

4）情感场：课堂有利于学生的情感世界在自由和谐的氛围中陶冶与美化。

化学学科素养中的证据推理与模型认知、科学探究与创新意识及科学精神与社会责任形成了情感场。科学探究与创新意识和证据推理与模型认知为学生提供了陶冶美化情感的殿堂——让学生学会用科学的模型揭示生活现象的本质和规律，并以合作的方式解决发现的问题，体会成功的喜悦以及团队精神带来的动力，实现理性与感性情感的完美结合。

（2）化学生态·智慧课堂的教与学方式实践探究。

本课题的参与者在课题研究阶段，将利用课堂充分进行化学生态·智慧课堂的实践，在化学教学的各模块中挖掘课堂的"生态"和"智慧"，通过教学设计研讨、研究课实施等方式探索教与学的方式。

3. 研究思路

（1）通过阅读教育生态学和生态课堂已发表的论文以及已经出版的专著，了解国内外相关研究现状，总结基于教育生态学的课堂研究的重要思想和不足之处，根据生态·智慧课堂已有的理论基础，构建适用于我国中学生发展的生态·智慧课堂模式。

（2）基于化学学科核心素养要求，分析影响化学生态·智慧课堂教学的因素，并在此基础上进行化学生态·智慧课堂模型的构建。

（3）从理论和实践出发，对课堂教学现状进行考察，探明目前化学课堂教学中存在的问题，并剖析其原因，探究化学生态·智慧课堂模式。

4. 研究方法

（1）文献研究法。

文献研究法是围绕研究内容，收集、查阅相关文献资料，并进行综合分析形成结论的一种研究方法。通过文献研究，把握国内外基于教育生态学课堂教学的研究现状。

（2）观察法。

观察法是对各个模块教学进行实地观察，深入课堂，采用听课、讨论的形式总结化学课堂教学具体情况的一种研究方法。

（3）经验总结法。

经验总结法是对课堂实践活动中的具体情况进行归纳与分析，使之系统化、理论化的一种研究方法。

第 **2** 章

初中化学生态·
智慧课堂教学实施路径及案例

本章导读

本章共分为 4 节，主题分别为科学探究与化学实验、物质的性质与应用、物质的组成与结构、化学与社会发展。其中，第 1 节以 "NaOH 和酚酞混合溶液褪色" 为研究对象，阐述控制变量思路的概括和应用；第 2 节以 "除垢总动员" 和 "金属的活动性顺序" 两个案例为研究对象，阐述金属和酸碱盐物质性质的学习过程；第 3 节以水为研究对象，进行水的组成探究，从定性定量两个角度，进行义务教育阶段物质结构和性质的初步尝试；第 4 节以 "嗨，露营去" 和 "治理海水酸化" 两个项目式学习案例为研究对象，使学生置身于真实环境中，解决实际问题，让学生充分体会化学与社会发展的密切关系。

■ 第1节 科学探究与化学实验

"控制变量思路的概括和应用" 科学探究与化学实验单元复习
——以 "NaOH 和酚酞混合溶液褪色" 为例

张晨雨，赵 莎，黄木兰

摘要：以 "控制变量思路的概括和应用" 为单元进行专题复习，通过让学生自主进行实验探究，学习才能真实发生，才能让学生实现从理解知识到综合运用知识解决问题的进阶，同时让学生掌握控制变量的一般思路方法的同时，将课堂打造成"建构生命成长和智慧生成"的场域，让课堂真正成为生态·智慧课堂。

关键词：科学探究；中和反应；控制变量思路；专题复习

1. 单元设计思路

《义务教育化学课程标准（2022 年版）》新增了化学学科核心素养，其主要包括化学观念、科学思维、科学探究与实践、科学态度与责任。"科学探究与化学实验"是初中化学的五大学习主题之一，其对应的学科核心素养要求如下：科学探究与实践的要求包括综合运用化学等学科的知识和方法，通过一定的技术手段，在解决真实情境问题和完成综合实践活动中展现能力和品格。科学思维主要包括在解决化学问题中所运用的比较、分类、分析、综合、归纳等科学方法，基于实验事实进行证据推理、建构模型，并推测物质及其变化的思维能力，在解决与化学相关的真实问题中形成的质疑能力、批判能力和创新意识。

"科学探究与化学实验"主题学习的思路方法是围绕探究目的，对原理进行分析、设计实验，并结合现象总结结论的一般过程，其核心的科学方法是控制变量法。体会课本经典实验中控制变量法的设计思路，并能将其应用于真实情境问题的解决是学生的发展点。

因此，本单元复习课的设计思路是首先通过对课本必做实验的分析，形成控制变量法分析问题的一般思路方法[1]，提高学生的归纳总结能力，以及基于实验事实建构模型的思维能力。此外，在思路方法形成后，将其应用于真实情境问题的解决，在此过程中形成质疑能力、批判能力和创新意识。同时，能运用学科知识和控制变量的思路设计实验，结合实验结果与实验目的进行分析，最终解决问题。单元复习课能力进阶如图 2–1 所示。

图 2–1　单元复习课能力进阶

本单元复习课选取的真实情境问题是特定浓度的氢氧化钠溶液与酚酞溶液混合后溶液由红色变为无色这一"异常现象"。酚酞是一种常见的酸碱指示剂，

NaOH 是学生最熟悉的一种碱。酚酞遇碱性溶液由无色变为红色这一现象是初中生需掌握的重要知识，而当特定浓度的 NaOH 溶液与酚酞混合后，溶液先变红后褪色，这一现象则会引起学生浓厚的探究兴趣[2-3]。由于初中阶段学生未接触化学平衡理论，所以需要从"物质的化学变化"角度理解这一现象。此现象具有情境真实、问题复杂、挑战性和可操作性强的特点。因此，本单元复习课也集中围绕此"异常现象"展开讨论，通过"猜想假设""设计并实施实验""解释与结论"三个过程，运用控制变量的一般思路方法，探究导致该"异常现象"的可能原因，在探究的过程中形成"科学探究、归纳总结、模型提出以及分析解决"的学科能力，并进一步提高化学核心素养[4-5]。"应用控制变量思路探究 NaOH 与酚酞混合溶液褪色原因的设计"教学价值如图 2-2 所示。

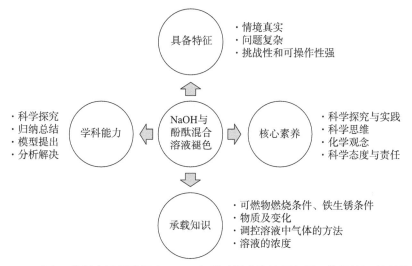

图 2-2　"应用控制变量思路探究 NaOH 与酚酞混合溶液褪色原因的设计"教学价值

2. 单元学习目标

（1）能通过启发发现和表述有探究价值的问题，有序地提出猜想与假设。

（2）能结合具体探究活动说明科学探究的要素及各要素之间的关系。

（3）能设计简单的实验方案，并能与他人合作开展化学实验，收集证据。

（4）能基于事实，分析证据与假设的关系，得出结论。

（5）能基于必做实验形成的探究思路与方法，结合物质的组成及变化等相关知识，分析解决真实情境中的简单实验问题。

3. 单元实施过程

本单元分两课时完成，由于课程时间的限制，第一课时将完成控制变量思路的初步形成，以及运用控制变量思路探究"NaOH 与酚酞混合溶液褪色原因"的猜想与假设两个任务；第二课时则主要结合猜想，完成实验设计与事实、解释与结论两个主要任务。单元复习课教学环节设计如图 2 - 3 所示。具体的任务和活动线索如下。

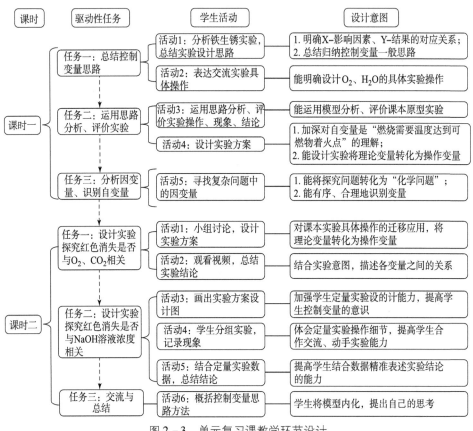

图 2 - 3　单元复习课教学环节设计

3.1　第一课时教学过程

3.1.1　环节一：回顾"探究铁生锈的条件"实验，总结控制变量思路方法

教师活动：课本中出现的运用控制变量思路进行科学探究的典型实验有哪些？

学生活动：学生回忆课本实验有"探究铁生锈的条件"和"探究可燃物燃烧的条件"。

教师活动：依据课本要求，整理表格，明确影响因素和实验设计方案。

学生活动：学生填写实验表格，明确影响因素和结果，分别对应自变量和因变量。

教师活动：课本实验中如何除去 O_2 和 H_2O?

学生活动：表述具体实验操作。

教师活动：总结控制变量法解决问题的一般思路方法，用"√×"图简化实验方案。

设计意图：①明确影响因素是自变量，待研究的问题是因变量，从而建立 X-影响因素、Y-结果之间的关系。②明确在单一影响因素的科学探究实验中，设计实验要改变研究变量，控制未研究变量应相同。③体会从理论变量到操作变量的实验设计。④能根据"√×"图寻找实验对照组。

3.1.2　环节二：运用思路方法分析"探究可燃物燃烧条件"实验

教师活动：请学生利用控制变量思路，分析"探究可燃物燃烧条件"实验，填写"√×"图。

学生活动：学生填写"√×"图，明确设计意图，并准确定位实验的自变量。

教师活动：对实验 1 和实验 4 进行方案评价。

学生活动：①通过分析实验 1 和实验 4 白磷接触的环境，能明确实验 4 的优点在于精准识别自变量是 O_2。②实验 1 操作更简单易行。③实验 4 中 H_2O 能吸收 P_2O_5（五氧化二磷），更环保。

教师活动：即使没有实验 4，将实验 1 和实验 3 对比，仍能说明燃烧需要可燃物与 O_2 接触。这是基于已知知识——燃烧反应是可燃物与 O_2 发生的化学反应，由此推断出可燃物在空气中燃烧是因为与 O_2 接触。

教师活动：只用白磷设计实验方案，探究"燃烧需要温度达到可燃物着火点"。

学生活动：设计实验方案。①用冷水、热水改变环境温度。②通过改变距离热源远近来改变环境温度。

设计意图：①应用"√×"图进行实验方案解读。②明确实验 4 与实验 1 的不同之处，且明确实验 1 和实验 3 对比，仍能说明燃烧需要可燃物与 O_2 接触，能从多角度对实验进行评价分析。③明确研究"燃烧需要温度达到可燃物着火点"有两种控制变量思路。④能运用控制变量思路将理论变量转换为操作变量[6]。

3.1.3　环节三：对"NaOH 溶液和酚酞混合溶液褪色原因"提出猜想

教师活动：【演示实验】酚酞遇 10% NaOH 溶液先变红后褪色，详细记录实验操作和现象。

学生活动：完整记录实验方案和实验现象，记录溶液体积、浓度、现象。

教师活动：溶液红色消失，即褪色的原因可能有哪些呢？

学生活动：第一类是酚酞量少、变质、体积、浓度；NaOH 溶液变质；第二类是红色物质易分解、易挥发，与空气中 O_2、CO_2 反应，消失；第三类是温度、H_2O。

教师活动：NaOH 溶液遇酚酞变红过程中的物质变化是什么？

学生活动：NaOH ＋酚酞→红色物质。

教师活动：要研究的现象是红色消失这一过程。

学生活动：红色物质 ＋？→消失。

【讨论】根据学生猜想，寻找合理自变量。

学生活动：依据反应，排除第一类影响因素和第三类影响因素。

设计意图：①注意实验过程中数据的准确记录。②能从物质及其变化角度分析影响因素。③明确红色消失的化学本质，是红色物质与其他物质发生反应被消耗。④能结合化学变化，从环境、体系进行系统分析，从而得到合理猜想与假设。

3.2 第二课时教学过程

3.2.1 环节一：复习导入

教师活动：回忆 NaOH 溶液和酚酞溶液混合褪色原因的猜想。

学生活动：学生明确该问题中的因变量和自变量。

设计意图：①承接第一课时的内容。②学生进一步明确设计方案时需要应用控制变量分析模型。

3.2.2 环节二：设计实验探究红色消失是否与 O_2、CO_2 有关

教师活动：如何设计实验探究红色溶液褪色是否与 O_2 有关。

学生活动：学生填写"√×"图，明确设计目的，并尝试找到该情境中对应的因变量、自变量。

教师活动：采用何种具体的操作能达到此目的？

学生活动：小组讨论并将各自方案画在学案上。

教师活动：教师汇总各小组方案，并选取典型方案进行展示，组织学生评价方案是否可行。

方案一：实验 1 为演示实验，实验 2 在此基础上用煮沸的蒸馏水配制溶液，并用植物油密封以隔绝 O_2。

方案二：实验 1 为演示实验，实验 3 在演示实验基础上通入更多的 O_2。

学生活动：对方案进行评价。

结合 "√×" 图，发现方案一同时存在 O_2 和 CO_2 两个变量，未控制单一变量。

通过 "√×" 图，明确方案二仅存在 O_2 一个变量，因此方案二更为严谨。

教师活动：展示提前录制的实验视频。

学生活动：观看视频，总结实验现象——实验 1、2、3 中红色溶液均褪色，且褪色所需时间一致。

教师活动：结合实验现象得到什么结论？

学生活动：总结讨论。

实验 1、3 现象相同，表明红色消失与 O_2 无关。

实验 1、2 现象相同，表明红色消失与 O_2 和 CO_2 均无关。

教师活动：思考为何实验 1、2 对比也能得到结论？是否任何时候两种方案都可行？

学生活动：当改变两个变量后现象仍相同，证明溶液褪色与两个因素均无关。但当同时存在两个变量后实验结果不同，无法得到结论。

设计意图：①通过 "√×" 图，能更好地梳理控制变量设计实验的一般思路。

②对课本原型实验中的操作进行迁移，学习如何将理论变量转化为操作变量。a. 通过对方案的评价，明确控制单一变量的设计思路。b. 学习如何操作变量，达到两组实验中氧气不同的目的。

③明确因变量表征量：是否褪色＋褪色所需时间是否相同。

④能根据实验现象，结合假设与数据的关系，总结结论。

⑤通过对两种方案进行评价，进一步明确控制变量思想设计实验的重要性。

3.2.3　环节三：设计实验探究红色消失是否与 NaOH 溶液浓度有关

教师活动：如何设计实验探究红色消失与 NaOH 溶液浓度有关？

学生活动：学生绘制装置图展示实验方案。

教师活动：展示两位学生的方案，由其他学生进行评价。

学生活动：学生评价方案，明确当以 NaOH 溶液浓度作为研究变量时，需要保证其余可能的影响因素完全相同，并修正实验方案。

教师活动：提示实验注意事项和实验要求。

设计意图：①再次体会运用控制变量思想设计实验时对方案规范性、严谨性的要求，加深对控制单一变量的理解。②培养学生小组合作、动手实验的能力。③锻炼学生根据实验目的，分析实验数据，精准表述实验结论的能力。

3.2.4　环节四：总结与交流

教师活动：利用控制变量思想讨论综合性问题的一般思路。

学生活动：结合两课时的内容自主总结收获。

设计意图：学生将模型内化，提出自己的思考。

4. 教学反思

本课程是"科学探究与化学实验"主题下的单元复习课，是对控制变量思路方法的概括和实际应用，关注学生基础知识的掌握、研究思路的形成、解决问题能力的提升以及化学核心素养的发展。在教学过程中，充分体现了学生学习的主体地位，学生经历了"设计性任务""评价性任务""实施性任务"等多重任务，深刻体会到"控制变量思路"如何在真实问题情境中加以应用。在教学设计上，通过对"异常现象"这一类真实情境问题的探索，进一步提高了学生的探究兴趣和探究能力。此外，学生经历了发现问题、猜想假设、设计实验、实施实验、解释与结论等科学探究的完整过程，体会了科学探究的严谨性和务实性。但同时也发现，对于信息接收能力较弱的学生，科学探究仍是学习难点，后续教学过程中我们也应针对不同学生的特点分层设置任务，比如给能力较弱的学生布置较简单的探究任务，并在探究过程中提供必要的信息支持；而给能力较强的学生布置有挑战性的任务，进一步提高其探究兴趣。

【案例分析】

本案例是生态·智慧课堂在科学探究部分的一次尝试。在思维场中，学生不仅能以两个课本实验为载体，自主总结归纳控制变量解决问题的一般思路方法，而且能应用于探究陌生情境——一定浓度 NaOH 溶液遇酚酞先变红后褪色的问题解决中，进一步发展了学生的探究兴趣与实践素养；在情感场中，学生能体会到从科学探究问题背后提出化学本质的精妙，能通过对反应物、反应条件的探究，体会到化学中有序思考对高效解决问题的必要性；在生命场中，学生加深了对客观唯物主义的理解，养成了严谨求实的科学态度，使身心健康得以较好的发展。

参 考 文 献

[1] 程颖. 基于"控制变量思想"的初中化学命题与教学策略 [J]. 化学教学，2022，429（12）：91−94.

[2] 朱泽琛. 酚酞的颜色和结构 [J]. 化学工程与装备，2010（12）：5−6.

[3] 吴淑琰，应桃开，朱伟琴. 酚酞遇碱褪色又一说 [J]. 化学教育，2005（12）：58.

[4] 仇永红，李春晖. 复习教学用好异常实验现象提升学生学科核心素养——以 "酚酞滴入氢氧化钠溶液中先变红后褪色" 异常现象为例 [J]. 教学与装备研究，2021，37 (3)：43 –47.

[5] 高嘉成. 氢氧化钠溶液与无色酚酞溶液反应实验探究 [J]. 数理化学习，2014 (11)：69，72.

[6] 卢名远. 梳理进阶图谱有序落实初中化学素养：以初中化学 "科学探究" 素养的进阶落实为例 [J]. 中学化学，2022，384 (6)：7 –11.

■ 第2节　物质的性质与应用

基于真实问题解决的酸碱盐复习课——以 "除垢总动员" 为例

肖　品，白光耀

摘要：本案例以《义务教育化学 (2011 年版)》课程标准为依据，结合学生熟悉的生活情境，通过课前引导任务搜集生产、生活中水垢带来危害的实例，引导学生意识到去除水垢的重要性。将 "除垢总动员" 确定为项目学习主题，让学生在真实问题解决的过程中复习酸碱盐模块的知识，构建酸碱盐性质的思维网络，形成利用物质性质实现物质的检验和除杂的一般思路和方法，体会从化学视角，即运用化学知识和科学方法，解决真实问题的学科价值。本案例基于真实问题的解决，唤醒学生学习的自主性，凸显化学 "生态·智慧" 课堂的重要性。

关键词：真实问题解决；酸碱盐复习；初中化学

1. 项目设计思路

《义务教育化学课程标准 (2011 年版)》指出：义务教育阶段的化学课程体现基础性，以提高学生的科学素养为主旨，激发学生对科学的兴趣，引导学生从化学的角度初步认识物质世界，初步认识物质的用途与性质之间的关系。让他们在熟悉的生活情境和社会实践中感受化学的重要性，了解化学与日常生活的密切关系，逐步学会分析和解决与化学有关的简单实际问题，在 "做科学" 的探究实践中培养学生的创新精神和实践能力。

酸碱盐在课标中属于我们身边的物质模块、生活中常见的化合物部分，贯穿九年级下册第九~十一单元，这是继第八单元金属及金属材料之后，学生再次利用分类的思想研究学习物质的性质。本案例重点梳理、落实酸碱盐的化学性质，通过设计实验实现水垢中碱和盐的检测和去除，巩固酸碱盐的化学性质，让学生进一步熟悉酸碱盐的化学性质之间的关系，发展科学探究能力。酸碱盐性质的思维网络如图 2-4 所示，物质检验和难溶性物质去除的一般思路如图 2-5 所示。

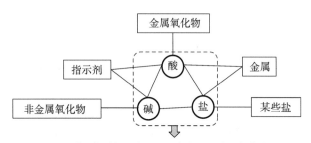

满足复分解反应发生的条件：沉淀、气体或水

图 2-4　酸碱盐性质的思维网络

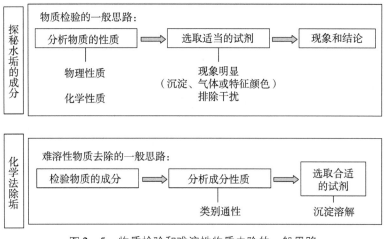

图 2-5　物质检验和难溶性物质去除的一般思路

作为大任务统摄的单元教学，本主题旨在打通知识到素养的通道，帮助学生从化学视角认识身边物质，从类别角度认识物质成分性质，培养学生利用物质性质解决真实生活问题的实践能力和科学探究能力，让学生通过解决真实生活问题提升社会责任感。

2. 项目学习目标

（1）通过阅读"水垢的形成"资料，锻炼学生提取、整合材料信息的能力，培养学生的学科阅读能力，同时能够根据元素守恒正确书写陌生方程式，培养变化观和守恒观。

（2）通过定性分析水垢中是否含微溶物，在任务驱动下梳理碱和盐的化学性质，利用酸碱盐的性质规律进行证据推理，在设计方案时形成"实验目的—实验操作—预期现象—预期结论"的思维链条，发展科学探究能力。

（3）通过"探究水垢的成分→确定碱和盐共有的化学性质→提出化学方法除去水垢的策略→分析酸洗注意事项"这一过程，培养学生的创新意识，帮助学生梳理酸的通性和差异性，在酸碱盐的性质之间建立联系，优化学生的思维网络。

（4）通过水垢探秘和去除，让学生体会用理论知识解决实际问题的乐趣，建立用化学知识分析解决实际问题的思维模型，同时培养学生的科学精神和提升社会责任（安全，环保，经济等）意识。

（5）通过初步对比水垢去除的物理法和化学法，以及盐酸除垢与工业除垢的策略，增加学生对化学学科的热爱，让学生体会化学对生产生活的重要意义。

3. 项目实施过程

3.1 探秘水垢的成分

3.1.1 了解水垢的危害

学生展示：各小组汇报"水垢危害"调研结果：分析水垢存在的危害，如安全问题、经济效益问题、能源浪费问题等。

驱动性问题：如何去除水垢呢？

学生：刮/蹭？溶解？化学反应？

学生 A：刮/蹭可能会损坏设备。

学生 B：很难找到有效的溶剂来去除这些难溶于水的水垢。

学生 C：白醋（酸）浸泡的化学方法比较有效。

驱动性问题：大家想通过"化学法"去除水垢，首先要知道什么？

设计意图：引入"你关注过身边的水垢吗"这一问题情境，视频中淋浴器花洒中的水垢在现实生活中普遍存在，能引发学生共鸣，激发学生的研究兴趣。查阅资料，以工业锅炉中的水垢为例，了解水垢可能带来的潜在危害，引起学生对生产、生活问题的重视。讨论去除水垢可能用到的方法，分析利弊，学习用化学的视角看待实际问题，增强学生对化学学科的热爱。学生对比、分析选择化学法后，让其思考下一步该干什么，而不是由教师直接提出需要了解水垢的成分。"学起于思，思源于疑"，思维常常由疑问开始。

3.1.2 认识水垢的形成

资料1：自来水中常存在可溶性的不稳定的碳酸氢钙和碳酸氢镁，受热时会分解放出二氧化碳，并生成难溶解的碳酸钙和氢氧化镁，它们沉淀下来就形成了水垢。

驱动性问题：根据资料分析水垢的主要成分，写出化学方程式。

学生：主要成分是碳酸钙和氢氧化镁，化学方程式如下：

$$Ca(HCO_3)_2 \xrightarrow{\triangle} CaCO_3 \downarrow + H_2O + CO_2 \uparrow$$

$$Mg(HCO_3)_2 \xrightarrow{\triangle} Mg(OH)_2 \downarrow + 2CO_2 \uparrow$$

总结：陌生化学方程式书写的思路方法。

设计意图：通过阅读"水垢的形成"资料，唤起学生有关酸碱盐的知识，同时帮助学生学会对重要信息进行提取、整合，增强学生的学科阅读能力。书写陌生化学方程式是对学生这一能力的重要考查途径。

3.1.3 实验探究水垢的成分

资料2：部分钙、镁化合物溶解性如表2-1所示。

表2-1　部分钙、镁化合物溶解性

阳离子	阴离子		
	OH^-	CO_3^{2-}	HCO_3^-
Ca^{2+}	微溶	不溶	可溶
Mg^{2+}	不溶	微溶	可溶

驱动性问题：结合溶解性表，猜想水垢的主要成分除含有不溶的碳酸钙和氢氧化镁，还可能含有_____或_____。

学生：可能含有微溶物氢氧化钙或碳酸镁。

追问：如何探究水垢中是否有微溶物？

学生A：取少量水垢进行研磨，加足量水进行溶解，过滤，取滤液。

学生B：为了避免碳酸钙和氢氧化镁的干扰，应先将难溶物除去。

问题转化：滤液的成分可能有几种情况？

猜想：①无微溶物；②$Ca(OH)_2$；③$MgCO_3$；④$Ca(OH)_2$和$MgCO_3$。

驱动性问题：以上猜想是否均合理？为什么？

学生：情况④不合理，因为在溶液中$Ca(OH)_2$和$MgCO_3$会生成沉淀，满足复分解反应发生的条件，会发生反应，所以不可能共存。

实验1：设计方案（见表2-2）探究滤液中是否含$Ca(OH)_2$。

表 2 - 2　设计方案一

实验操作	预期现象	结论
取少量滤液于小试管中，通入二氧化碳气体	出现白色沉淀	滤液中含氢氧化钙
取少量滤液，加入适量碳酸钠	产生白色沉淀	滤液中含氢氧化钙

实验 2：设计方案（见表 2 - 3）探究滤液中是否含 $MgCO_3$。

表 2 - 3　设计方案二

实验操作	预期现象	结论
取少量滤液，加入适量盐酸，将产生的气体通入澄清石灰水	澄清石灰水变混浊	滤液中含碳酸镁

驱动性问题：你是如何想到这些检测试剂的？

学生：结合碱和盐的性质，选择有明显现象的试剂。

总结：回顾碱和盐的性质，梳理物质检验的一般思路，如图 2 - 6 所示。

一、确定水垢的成分

1. $Ca(OH)_2$ 的检测：

①指示剂/pH试纸变色　②非金属氧化物与 CO_2 生成沉淀　③酸无明显现象　④某些盐与 Na_2CO_3 生成沉淀

2. $MgCO_3$ 的检测：

①金属无　②酸与 HCl 生成气泡　③碱与 $Ca(OH)_2$ 生成沉淀　④某些盐与 $CaCl_2$ 生成沉淀

物质检验的一般思路：

分析物质的性质 ⟹ 选取适当的试剂 ⟹ 现象和结论

物理性质　　　　现象明显（沉淀、气体或特征颜色）

化学性质　　　　排除干扰

图 2 - 6　回顾碱和盐的性质，梳理物质检验的一般思路

设计意图：对于物质检测类问题，学生往往思考不够全面，仅能找出某一个或个别方法，无法系统地归纳哪些物质可以用于该物质的检测。因此，在氢氧化钙的检测中，教师以引导为主，先讲解思路，回顾有关碱的化学性质（与指示剂/pH试纸、非金属氧化物、酸、某些盐的反应），帮助学生挑选可以与氢氧化钙发生反应有明显现象的化学试剂（与指示剂/pH试纸变色、与 CO_2 生成沉淀、与 Na_2CO_3 等某些盐生成沉淀等），促进学生在以后设计物质检测的实验时能够有

据可依，根据物质的物理或化学性质，选出最合理（具有步骤简单、现象明显、易于处理等优点）的实验方案。

3.2 设法去除水垢

3.2.1 化学法去除水垢

驱动性问题：水垢的主要成分是碳酸钙和氢氧化镁，还可能有氢氧化钙和碳酸镁。请大家思考讨论怎样去除水垢，并写出相应的化学方程式。

学生：用盐酸浸泡后，用大量水冲洗。

$$CaCO_3 + 2HCl \xlongequal{\quad} CaCl_2 + H_2O + CO_2\uparrow$$

$$Ca(OH)_2 + 2HCl \xlongequal{\quad} CaCl_2 + 2H_2O$$

$$MgCO_3 + 2HCl \xlongequal{\quad} MgCl_2 + H_2O + CO_2\uparrow$$

$$Mg(OH)_2 + 2HCl \xlongequal{\quad} MgCl_2 + 2H_2O$$

追问1：能否用硫酸除垢？

学生：硫酸也具有酸的通性，但产物硫酸钙微溶，会附着在水垢表面。

追问2：能否用醋酸除垢？相比于盐酸，有何不同？

学生：醋酸的酸性较弱，反应速率可能比较慢。

总结：回顾酸碱盐的性质，梳理难溶性物质去除的一般思路，如图2-7所示。

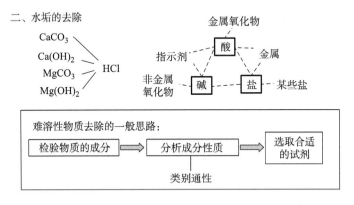

图2-7 回顾酸碱盐的性质，梳理难溶性物质去除的一般思路

设计意图：明确水垢的可能成分，既有碱又有盐，通过化学方法将水垢去除，学生能够想到碱和盐的化学性质通性——与酸和某些盐反应。但只有酸能够将水垢溶解（碱或盐与某些盐的反应均产生沉淀，既不能把水垢去除，又引入了难溶物质），可以选择用常见的盐酸进行去除。自然而然地，在酸碱盐的化学性

质之间建立联系。通过追问,学生可以知道酸的通性和差异性。

3.2.2　走进生活中的除垢

播放视频:"我是除垢小能手"。

驱动性问题:洁厕剂除垢的有效成分是什么?

学生:盐酸。

追问1:酸能否将水壶上的铁锈除去?依据是什么?

学生:可以,酸的通性——能与金属氧化物反应。

追问2:酸在除铝壶中的水垢时能否长时间浸泡?

学生:不可以,酸与活泼金属反应,会把铝壶腐蚀。

设计意图:请学生思考洁厕剂成分中的酸属于什么酸,结合酸除铁锈、酸与活泼金属反应,总结梳理酸的化学性质,并尝试书写化学方程式。学生树立从化学视角分析实际生活问题的意识,提高解决真实问题的能力。

3.2.3　走近工业生产中的除垢

学生:各小组汇报工业生产中的除垢方案。

教师:在实际生产中,主要以酸洗的方式清洁水垢、铁锈等,以盐酸为主。与大家的策略一样!

设计意图:调查工业锅炉的除垢策略,与学生分析结果一致,提高学生的成就感和自信心,培养学生的社会责任感。

4. 教学反思

(1)贴近生活,任务诊断。

本案例凸显了用活动任务作为过程性评价,诊断学生能力的特色。在真实问题解决过程中,引导学生梳理常见酸碱盐的性质、反应与应用等相关知识的内在联系,帮助学生形成有意义的知识结构,并以此为指导帮助学生初步建立分析解决具体问题的思路与方法,进而促进学生提升利用物质性质解决实际问题的能力。

(2)实验探究,培养严谨思维。

在教学实施过程中,我们发现学生设计实验方案的能力较弱,只关注实验操作却不思考预期的现象与结论,有始无终。因此通过探秘水垢成分的简单实验,帮助学生形成和落实严谨的实验方案设计思路。由此可见,学生实验探究能力薄弱与平日课堂不注重培养学生的严谨思路息息相关,在今后的教学中应时刻注意这一问题。

【案例分析】

本案例以生态·智慧课堂的教育理念为依据，以初中化学酸碱盐复习课为例，探索自我教育的途径，摸索让生命成长、智慧生成在日常课堂教学中落地生根的方法，让"四个场域"在课堂中自然实现。在生活场中，结合学生熟悉的生活情境，通过课前引导任务搜集生产、生活中水垢带来危害的实例，引导学生意识到去除水垢的重要性；在思维场中，将"除垢总动员"确定为项目学习主题，在真实问题解决的过程中复习酸碱盐模块的知识，构建酸碱盐性质的思维网络，形成利用物质性质实现物质的检验和除杂的一般思路和方法；在情感域中，让学生了解化学与日常生活的密切关系，体会从化学视角，即运用化学知识和科学方法，解决真实问题的学科价值；在生命场中，帮助学生建构从化学视角认识身边物质的学习理论，指导解决真实生活问题，从而使生活更美好。

发展推理论证核心素养的教学设计——以"金属的活动性顺序"为例

朱琳

摘要：本课程以金属的活动性顺序为载体，创设具有推理性和探究性的情境，通过认识金属的活动性顺序和应用金属的活动性顺序两个环节，给学生提供思维场、情感场，发展学生的证据推理核心素养，创建生态·智慧课堂。

关键词：金属；化学性质；金属活动性；证据推理

2016 年 9 月，教育部发布了《中国学生发展核心素养》研究成果，该成果明确提出了包括"宏观辨识与微观探析""变化观念与平衡思想""证据推理与模型认知""科学探究与创新意识""科学精神与社会责任"五个维度的化学学科核心素养。化学学科核心素养的提出，从根本上要求教师在教学中从促使学生理解具体知识、基于知识解决问题的目标，向帮助学生在经历核心能力活动的过程中习得知识、发展化学学科核心素养的目标逐渐转变。核心素养中，宏观与微观、变化与平衡都强调赋予学生更丰富的认识角度和认识方式，证据推理和模型认知以及科学探究则更关注学生的认识发展过程。

1. 证据推理与模型认知的内涵

证据推理与模型认知是化学学科核心素养的基本内容之一，其内涵包括以下几个方面：具有证据意识，能基于证据对物质组成、结构及其变化提出可能的假设，通过分析推理加以证实或证伪；建立观点、结论和证据之间的逻辑关系；知道可以通过分析、推理等方法认识研究对象的本质特征、构成要素及其相互关系，建立模型；能够运用模型解释化学现象，揭示现象的本质和规律。

可以将证据推理理解为用事实说话，有依据做判断。证据推理的起点是证据，终点是结论，进行证据推理就是建构两者之间的逻辑关系，其途径是分析、推理和模型认知。

2. 证据推理与模型认知的意义

化学学科核心素养是学生在化学认知活动过程中获得并发展的分析和解决化学问题的综合品质和关键素养，是学生从化学视角认识客观事物、有效解决化学问题的能力和品格。作为化学学科核心素养的五个要素之一，"证据推理与模型认知"的内涵在凸显化学本质特征、反映化学基本问题、揭示化学学科思维和体现课程育人价值等方面得以充分显现。

3. 发展证据推理能力的教学设计

学习过程的发生是需要载体的，创设具有推理性和探究性的情境是打造促进学生养成化学核心素养课堂的核心任务。本课程以金属的活动性顺序为载体，通过认识金属的活动性顺序和应用金属的活动性顺序两个环节，发展学生的证据推理核心素养。

3.1　认识金属的活动性顺序

认识金属的活动性顺序环节以探究的方式开展，具体内容如下。

任务一：探究铜、铝、银三种金属的活动性顺序，提供化学试剂铜、铝、银、硝酸银溶液、硫酸铜溶液、硫酸铝溶液。

在此之前学生已经认识到，铁能和硫酸铜发生置换反应，说明铁比铜的活动性强。据此，学生分小组讨论，设计方案，进行实验，汇报实验结果。

任务一的设计目的为：①认识金属与金属化合物溶液的置换反应；②知道可以利用金属与金属化合物溶液的置换反应判断金属的活动性差异；③认识金属与金属化合物溶液之间不都能发生反应，体会金属化学性质的差异性。

为什么选择铜、铝、银这三种金属呢？主要基于以下两点：首先，这三种金属既有氢前金属又有氢后金属，具有一般性；其次，它们之间的反应现象比较明显，现象即证据，有利于培养学生的证据推理能力。

学生在探究过程中如何发展证据推理能力呢？

学生依据自己设计的实验方案进行实验。在实验过程中，学生通过观察是否有新物质生成判断反应是否发生，从而比较金属的活动性强弱。在此过程中，学生结合置换反应现象进行金属活动性顺序的推论，实现证据推理能力。在此探究实验过程中，多数学生在设计实验方案环节设计了六个实验：铜与硝酸银溶液、铜与硫酸铝溶液、铝与硫酸铜溶液、铝与硝酸银溶液、银与硫酸铜溶液、银与硫酸铝溶液。在结合现象推理论证环节，学生多数利用了三个有明显现象的反应得出了三种金属的活动性顺序，而对于三个没有明显现象的反应几乎没有加以利用。这时，教师需要通过问题，促使学生思考没有反应的实验的价值，例如，"这些反应为什么没有发生""没有发生反应的实验能否说明金属的活动性顺序"，从而使学生意识到，没有反应的实验也可以说明金属的活动性强弱，即自己设计的六个方案有三个可以得出相同的结论。学生通过优化实验方案，认识到能反应、不能反应，都能体现金属的活动性差异，为任务二方案的设计奠定基础。

3.2 应用金属的活动性顺序

应用金属的活动性顺序以设计方案的方式开展，具体内容如下。

任务二：验证铁、银的金属活动性强弱。

通过任务一，学生认识到金属的化学性质确实存在差异性，而且这种差异性可以通过金属与金属化合物溶液的置换反应表现出来。在此基础上，金属活动性顺序表的出现给学生提供了表中任意金属的活动性强弱的判断依据，例如铁和银，学生通过读表，知道铁的金属活动性比银强。

任务二的设计目的为：①落实金属与金属化合物溶液反应这一金属的化学通性；②通过设计方案验证金属活动性的任务，促使学生寻找证据，在寻找证据的过程中应用金属活动性顺序。

为什么选择铁和银呢？首先考虑在金属活动性顺序表中，铁和银中间有铜和氢，为间接比较活动方案的设计提供可能。其次，铁也是学生比较熟悉的金属。

学生在设计方案过程中如何发展证据推理能力呢？首先，已知铁的活动性比银强的结论，设计实验方案验证此结论，该方案的设计过程即寻找证据的过程。其次，任务将证据推理的起点（证据）和终点（结论）互换位置，从结论到证据，逆向地建立证据和结论之间的逻辑关系。学生设计的方案有：①铁和硝酸银；②银和硫酸亚铁；③铁、银和稀盐酸；④铁、银和稀硫酸；⑤铁和硫酸铜、铜和硝酸银；⑥铁和硫酸铜、银和硫酸铜等。学生给出的实验方案是无序的，没有系统地分类。教师汇总学生的方案设计，提出问题："能否给这些方案分类？"上一课时学生认识到可以通过金属和酸的反应比较金属的活动性顺序，因此铁、银分别和稀盐酸或者稀硫酸反应的方案被学生归为金属和酸反应的一类，其他方案皆为金属与金属化合物溶液的反应。教师继续追问："金属和金属化合物溶液的反应方案能否继续分类?"通过任务一,学生认识到铁和硝酸银能反应、银和硫酸亚铁不反应都可以证明铁和银的活动性强弱,即正向证明和逆向证明的两类方案。教师继续追问:"方案一铁和硝酸银,与方案五铁和硫酸铜、铜和硝酸银,两者有什么不同?"学生思考发现,前者直接得出结论,后者以铜为媒介,通过间接的方式分析推理得出结论,从而得出直接证明和间接证明的两类方案。此时教师继续追问:"金属和酸的反应方案是哪种类型?"学生思考发现,铁和酸能反应说明铁比氢的金属活动性强,银不和酸反应说明银比氢的金属活动性弱,因此方案是通过氢间接得出结论的。

4. 教学反思

任务一,学生通过探究活动,充分经历了观察、分析、推理、归纳等过程,尤其是分析推理过程,学生借助已有知识经验和实验现象进行,感受实验现象与结论间的推理关系,提高科学探究和证据推理能力,使学生的思维得到真正的锻炼,体现其学习的主体角色。任务二方案的设计是学生思维外显的过程,通过方案设计和追问原因,学生的思路外显,同时能体现前一活动的实施效果。

【案例分析】

在生活场中,学生通过证据推理,即用事实说话这一生活法则解决化学问题;在思维场中,学生经历了寻找证据的过程,在寻找证据时应用金属活动性顺序解决问题,学生的高阶思维得到培养;在情感场中,学生体会金属活动性这一规律对于解决化学问题的重要性;在生命场中,学生更加客观、科学地认识物质世界的本质和规律,得以健康成长。

■ 第 3 节　物质的组成与结构

《探究水的组成》教学案例——基于培养学生科学推理能力的生态·智慧课堂

陈　争

摘要:依据分子发现过程的史实,设计对化学史探究过程的再探究,还原科学家依据实验证据对微观粒子的行为进行推理的过程,让学生通过活动形成化学核心素养要求的宏微结合和证据推理的能力,学会建立从证据到结论之间的推理路径、推理依据,打造生态·智慧课堂。本文结合实践详细阐述了教学设计的基本思路和课堂实施的策略。

关键词：科学推理；化学史；三重表征

在初中阶段，学生学习分子的知识，但对分子的发现史了解不多，更不能将分子的发现史和水的组成研究关联起来。经过教师对化学史料的不断研究和挖掘发现，这段化学史能完整地再现历史上科学家不断地更新对分子的认识，最终发现分子的真实模样，而研究水的组成的过程是发现分子构成最重要的一个环节。在教学中以完整的化学史为背景展开教学，让学生认识到在科学技术不发达的时代，人的肉眼不能直接观察微观粒子，那么科学研究就是基于可见的宏观世界的实验现象，去推理和论证微观粒子的行为。这也是化学核心素养的要求。

1. 针对学生推理能力的培养目标选择素材设计学习平台

笔者认为，化学教学需要有意识地加强对学生从宏观到微观、从定性到定量、从孤立到系统、从静止到动态的认识方式的培养。对部分初三学生化学学习情况进行访谈的结果表明，学生觉得化学课就是背实验、背现象、背结论和背符号。需要记忆的东西太多，没有什么思维挑战和理论含量。

针对启蒙化学教学中存在的问题，笔者希望通过选取合适的教学素材和平台，在初三起始阶段的化学教学中，对学生科学推理能力进行培养。笔者选取了《水的组成》这节内容作为教学素材。首先，水是一种学生非常熟悉的物质，在和学生的访谈中发现，学生已经知道水是由氢、氧元素组成的，并且知道水的分子式是 H_2O，所以本课时学生的认知起点就是已经知道了水的组成，但是并不清楚这些结论是怎么来的。其次，人类探究水的组成已经历了两千多年，这个漫长的过程中积淀下来的化学思想和方法，是化学学科和学生学习的精髓。人类对水的探究过程，经历了从宏观定性到微观定性的研究，最后到微观定量的研究，最终才确定了水的分子构成。

这两个因素，正好和科学推理的培养方向完全吻合。刚刚接触化学的初三学生，对水的认识和早期人类的认识是相似的。如果化学史仅仅作为背景资料在课堂上呈现，它的价值就无法得以充分的利用。因此，把这段化学史用问题链串接起来，让学生参与到当时科学家的探究过程中，在课堂上经历科学家对水的组成的认识过程，不但能利用元素守恒思想，通过推理从实验中寻找证据支持"水是由氢、氧元素组成的"结论，还能像科学家一样经过推理从实验现象中分析一个水分子的微观构成。这样，学生对水的组成的认识就不仅停留在记忆的层面，而且实现了真正的理解。

2. 利用化学史实和问题框架搭建学生科学推理的平台

2.1　环节一：利用"水的元素组成的发现过程"这样相对简单的例子，培养学生在证据、依据和结论之间寻找联系的思维习惯，通过螺旋上升式的训练让学生由被动学习变为主动学习，逐渐形成稳定的化学推理模式

教师：

（1）问题：确定水的元素组成的科学家，是以什么实验作为证据，支持"水是由氢元素和氧元素组成的"这一结论？

（2）播放录像：氢气燃烧和蜡烛燃烧，这两个实验哪一个可作为证据支持"水是由氢元素和氧元素组成的"这一结论？

学生：大多数小组认为氢气燃烧实验可以作为证据，个别小组认为两个实验都可以作为证据。但几乎所有学生都不能用元素守恒的思想解释原因。

教师：科学的结论要有证据的支持，还要有已被证实的理论作为依据进行严格的推理。我们已经学习过元素守恒和原子守恒，蜡烛燃烧实验不能作为证据，支持"水是由氢元素和氧元素组成的"这一结论的原因是什么？

学生：

（1）小组 1：蜡烛燃烧的反应，产物有两种，所以不能判断。

（2）小组 2：应该说出推理的依据，是根据元素守恒，反应物中有碳、氢、氧元素，生成物中有二氧化碳，含碳、氧元素，那么水的元素组成可能有很多种。

在这个阶段，学生的回答表明学生能初步用元素观点研究物质组成，实验事实和已知的结论之间是通过一定的依据或公理连接的。

2.2　环节二：对水的组成的研究要进入微观的分子层面，在科学技术不发达的时代，人们是看不见微观粒子的，科学家只能通过假说来构建水分子。在科学史上道尔顿的假说首次构建了水分子。学生要了解道尔顿的假说，并了解气体体积和微粒个数之间的定比关系，在此知识上结合后面的实验证据才有可能提出自己的观点和解释

教师：知道水的元素组成，并不能认为已经了解水的组成，比如双氧水也是由氢氧元素组成的，但是它和水完全不同，所以确定物质的组成需要了解它的原子构成。道尔顿采用假设法来推测水的微观组成，下面是他的推理假设的过程。同学们请思考：他假设过程的证据、依据和结论分别是什么？

提供资料如下。

（1）1903 年提出道尔顿的原子学说。

（2）氢气、氧气、氮气等气体都由一个一个的原子构成。

（3）在化学反应中原子的个数和种类都不变。

（4）一个氢原子 H 和一个氧原子 O 结合成水分子 HO。

（5）在同温同压下，相同体积的不同气体含有相同数目的粒子。

学生：

（1）结论：一个水分子是由一个氢原子和一个氧原子构成。

（2）依据：在化学反应中，不论是原子种类还是原子个数都守恒。

（3）证据：没有。

（4）学生对假说的推理：因为在同温同压下，相同体积的不同气体含有相同数目的粒子，根据道尔顿假说个数比 H : O : OH = 1 : 1 : 1，可以推出，1 体积氢气和 1 体积氧气反应应该生成 1 体积水蒸气。

2.3　环节三：随着电的发现，人们可以电解水，电解水实验过程中出现的现象，无法解释道尔顿关于分子的假说，说明他的假说中存在致命的错误，所以人们开始寻找新的实验证据和创建新的理论体系去定义水分子的组成，去解释电解水出现的现象

教师：

（1）演示电解水实验，让学生直观地看到气体的体积比是不一样的，大约是 2 : 1。

（2）发现道尔顿的结论和实验证据不匹配。

（3）1809 年，盖-吕萨克用 2 体积氢气和 1 体积氧气反应，得到了 2 体积水蒸气。

学生：如图 2 - 8 所示，学生在白板上利用磁贴表示这个反应的微观过程。学生在不断地摆放小磁贴的过程中认识到，水分子不可能是由 1 个氧原子 1 个氢原子构成的，也不可能是 4 个氢原子和 2 个氧原子构成的，如果是那样，盖-吕萨克实验就不可能得到 2 体积水蒸气。因此，对于水分子的结构，不能只确定到原子个数比为 2 : 1，还必须准确到原子个数是 2 和 1。

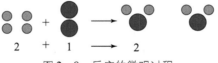

图 2 - 8　反应的微观过程

教师：1811 年，阿伏伽德罗根据这些实验事实提出新的假说——分子学说。他提出简单气体不是以单个的原子存在的，而是以分子的形式存在的。

学生：如图 2 - 9 所示，学生结合自己的水分子推理过程，用化学符号表示反应中的分子。在这个过程中，学生不仅在推理论证方面有很大的提高，还能够实现化学符号（化学式）、小球模型和文字表述之间三重表征的

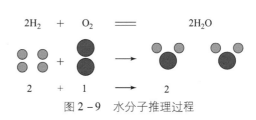

图 2 - 9 水分子推理过程

统一。这一课时的创新之处就是，学生在科学史推理的过程中，学会了从证据到结论的推理方式，同时了解了化学符号系统的形成特点。这种三重表征的统一，不是通过做题实现的，而是通过活动感悟到的。在这个活动中，学生进一步认识到，为什么不同的物质化学式不同，为什么化学方程式会有不同的系数关系，从而实现了对有意义的化学符号的认识。

2.4 环节四：让学生独立经历一个判断未知物质组成的完整推理过程，检验自己的推理能力和对物质组成的微观理解

教师：常温常压下，对于一种未知气体，如果它有 2 体积，在电火花作用下就会产生 1 体积氮气和 3 体积氢气。请同学们研究该未知气体的组成。

学生：

（1）能清楚地用语言表达出先确定未知气体元素组成的方法。

（2）运用资料信息，把宏观的气体体积比转化成微观的分子个数比，进一步推出未知气体的分子组成中的原子个数关系。

在这个过程中，学生暴露出思维的障碍点。如图 2 - 10 所示，一组学生在摆放小球的过程中，没有将气体的比例关系考虑进去，推出错误的氢气化学式，教师借此机会，让学生知道一种纯净物的化学式是不会改变的，所以用科学的方法可以测定物质的分子组成。

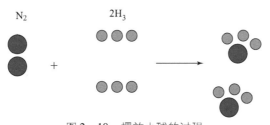

图 2 - 10 摆放小球的过程

在白板上用小磁贴完成推理过程后，学生突然发现，把小磁贴转化成化学符号，然后把个数标上，就是一个化学方程式。

3. 对教学过程实施结果的分析

本课程把水的组成作为已知信息，把核心活动落在寻找证据和证据与结论之间的推理过程上，把对化学符号、模型系统和文字表述的三重表征作为知识落脚点。

在课后学生访谈中，学生表示非常喜欢这一课，认为这一课生动、有趣、新颖，老师传授了跟其他课堂上不一样的知识。有的学生说："通过摆模型理解了如何从微观层面认识物质。在动手的过程中，我们对这些知识的认识更深刻了。"还有的学生说："通过探究水的组成让我们了解到平时从不去想的化学知识。老师多层次的提问可以帮助我更多地从微观的角度学习化学。"

化学式和化学方程式都是最基本的化学语言，通过这一课的学习，学生认为，化学式不是那么枯燥，而是都有自己鲜活的生命，因为他们了解到每种物质都有组成的理由。学生通过活动了解了宏观和微观化学语言代表的含义，他们大脑中实现了符号系统、文字表述系统和宏观物质之间三重表征的统一，突然明白了以前背过的知识的含义。而通过化学反应在微观层面上研究物质的组成，就好像能够看到原子重新组合产生新物质，甚至使用简单的无机物就能够合成生命基元，这一切都是那样神奇。

这节课所尝试的教学方式和教学策略是有效的，学生刚开始上课时，不知道什么是实验证据，什么是推理依据；到第一个环节结束时，能完整地表达一个推理过程；到课堂的结尾处，学生可以主动地用推理的模式，表达整个未知物质的组成研究过程，证据、依据和结论一一对应。因此，在这一课上学生能够主动寻找证据和结论之间的联系，形成了科学推理的习惯。在这一课上，学生发现了学习化学的本质方法和认识化学物质的不同角度。

【案例分析】

本案例是生态·智慧课堂在物质的组成与结构部分的一次尝试。在课程设计中，学生结合化学史，用问题链串接起来，充分参与当时科学家的探究过程，在课堂上经历科学家对水的组成的认识过程。进一步地，学生对水的组成的认识不仅停留在记忆层面，还实现了真正的理解。本课程使学生对物质世界有了更加客观本质的认知，促进了学生生命的健康成长。

参 考 文 献

［美］吉尔. 理解科学推理 ［M］. 北京：科学出版社，2010.

第4节　化学与社会发展

基于生态·智慧课堂的项目式学习教学——以"嗨，露营去——燃烧与灭火"为例

陈莉莉，曾　璐，于　璐

摘要：本案例采取项目式学习的教学模式，通过让学生解决"真实生活情境中的复杂任务"，引导学生自主地进行问题分析与研究，从而使其完成自己知识的构建。项目式学习可促进学生的思维发展，使学生切身感受到化学与生活、环境的密切联系以及学习化学的意义，同时发展其"证据推理与模型认知"素养，符合生态·智慧课堂的核心目标，最终实现学生智慧的生成和生命的成长。

关键词：初三化学；生态·智慧课堂；项目式教学；燃烧与灭火

本案例是人教版九年级化学上册第七章课题1燃烧与灭火的新课教学内容，在内容编排上更加贴近生活实际，学生已有的生活经验是学习本课的基础。从知识储备方面看，学生已经学过氧气的化学性质，对燃烧有了一定的认识，学习二氧化碳的性质和制法时，又知道了一些灭火的方法，但缺乏对燃烧条件和灭火原理的理性认识。课题设计注意从学生的生活经验和已有知识出发，采取项目式学习[1]的教学模式，将真实素材贯穿课堂教学的核心环节，让学生通过项目学习解决真实、复杂问题。通过实验探究、对比、讨论、归纳等方法，运用图片、视频、数据、资料等媒介，引导学生亲身感受燃烧发生的条件、灭火的原理和具体方法，遇到火灾该如何处理和逃生，了解爆炸以及易燃物和易爆物的安全知识等，使学生切身感受到化学与生活、环境的密切联系以及学习化学的意义，同时发展其"证据推理与模型认知"素养[2]。

1. 指向素养发展的教学设计

1.1　项目式学习主题的确立

燃烧和灭火将化学知识与生活、社会紧密联系，内容涉及能源、环境等问

题。这一主题的学习，凸显化学在社会、生活等方面的应用，帮助学生认识化学的重要性，培养、加强学生从化学角度解决问题的能力。《义务教育化学课程标准（2017 年版）》[3]要求学生能够"认识燃烧、缓慢氧化和爆炸的条件，了解防火、灭火、防范爆炸的措施"。

生态·智慧课堂研究的起点是如何让学习真实发生。本次项目式学习选取"嗨，露营去"这样一个学习情境，围绕这个情境开展点篝火的学习活动，学生尝试如何搭建篝火、如何点燃篝火、如何熄灭篝火、防火灭火等活动。通过这一系列活动，学生自主发现并解决燃烧和灭火的相关问题，有助于深化对燃烧本质的认识，强化对燃烧和灭火相关知识的应用，这样就实现了促使学生在真实情境中通过自主解决问题进行知识构建和成长的目标。本案例中，学生通过完成活动明白了燃烧的条件、灭火的原理和方法、化学反应伴随的能量变化、燃料充分燃烧、火灾自救等问题，整个体系的呈现以"现象—本质—应用"为线索。

1.2　基于生态·智慧课堂的单元教学整体规划

1.2.1　教学目标的确定

依据课标、学情和学习主题[4-6]，本课程确定以下学习目标：通过"点燃篝火的模拟实验"，培养学生自主发现问题、思考问题和解决问题的能力；体会实验中用到的控制变量的思想，并能够找出对比组，对获得的事实进行分析，自主分析总结燃烧条件；能从化学反应的本质角度，认识燃烧和燃烧的 3 个条件，解决燃料充分燃烧的问题，认识灭火的原理；知道化学变化伴随能量的变化，认识通过化学反应实现能量变化的重要性；通过防火安全教育，了解防火、灭火、防爆的措施。

1.2.2　教学流程

本课程分为两个课时，第一课时以"露营篝火"为素材，重点突出在如何搭建篝火、如何点燃篝火的探究实验中让学生体会到点燃篝火需要满足哪些条件，并通过对比分析归纳燃烧条件。第二课时通过解决木材充分燃烧的问题和解决熄灭篝火的问题，引导学生从燃烧的本质出发，提高运用化学知识解决实际问题的能力；让学生学会正确使用灭火器，了解逃生的注意事项，认识安全标志等；将化学知识与生活、社会紧密联系，并实现学以致用。

（1）第一课时教学活动。

活动一：启动学习任务"点燃篝火"。学生根据视频和 PPT 模拟情境提供的图片，挑选篝火地点，并准备点燃篝火所需的物品。

活动二：探究实验。分别用火柴梗和小树枝在两只蒸发皿中模拟点燃篝火的实验，学生尝试搭建篝火并点燃篝火，根据教师的不断追问进行头脑风暴，进而完善实验并达到目的。

活动三：实验反思。学生反思点燃篝火的实验过程，点燃篝火需要满足哪些条件，进而体会燃烧的本质。

活动四：学以致用。从燃烧的三个条件出发，解决视频中用报纸引火，却没有点燃篝火的实际问题。

（2）第二课时教学活动。

活动一：承接上述点燃篝火的活动，设计使木柴充分燃烧的合理方法，并认识化学反应中的能量变化。

活动二：讨论熄灭篝火的方法，分析灭火的原理。

活动三：在森林公园禁止燃烧篝火的背景下，学会正确使用灭火器，了解火灾逃生的注意事项，认识相关安全标志等。

2. 核心环节的教学实施过程及效果

本课程选择"露营篝火"为情境素材，让学生模拟点燃篝火。学生模拟在露营公园中选址，为点燃篝火准备物品，模拟搭建篝火、点燃篝火，并根据相关生活经验和理论知识调整实验方案，让篝火中的木柴得以充分燃烧；让学生在分析归纳燃烧条件的过程中学习对比分析及推理的方法，然后在灭火竞赛中利用逆向思维归纳各种方法所涉及的灭火原理；最后通过火灾模拟实验和角色扮演，进行火灾自救的安全教育。下面挑选四个核心环节展开论述。

2.1　凤头：情境引入，激发思考——进入项目学习

情境：播放篝火晚会的视频，使用 PPT 展示露营公园场地（见图 2-11）。

图 2-11　露营公园场地

教师：你挑选在露营公园的哪个地点举办篝火晚会？

学生：空旷、远离树林处。

教师：为了点燃篝火，你准备带什么物品？

学生交流、讨论得出结论：要带点火器、木柴（火柴）、报纸、酒精等。

此环节借助"真实情境"激发学生学习兴趣，激活学生已有经验和知识，将学生带入项目式学习情境。

2.2 象肚：对比出真知，蕴思维方法于无形之中——探究、体会燃烧的条件

教师：提供探究实验所需物品，分别用火柴梗和小树枝在两只蒸发皿中模拟点燃篝火，还提供了火柴、酒精和纸屑等。

活动前进行安全指导和方法指导，特别提醒两点：一是要安全"玩"火，避免烧伤自己。吹灭后的火柴埂等废弃物应放入废液缸（有少量水）里。一旦火势不好控制，用湿抹布盖住。二是分别在两个蒸发皿中点燃小树枝（模拟较粗的木柴）和火柴梗（模拟较细的树枝），实验中注意观察体会。

学生：分组实验。步骤1：搭建篝火；步骤2：点燃篝火。

（学生分组实验中暴露的问题：①把火柴梗堆成一堆的组无法用火柴点燃；②只用火柴可以点燃架起的火柴梗，但是无法直接点燃小树枝。教师针对发现的问题，继续和学生进行交流）

教师：为什么不把火柴梗堆成一堆，你们架起来搭建有什么好处？

学生：架起来有利于和空气充分接触，空气（氧气）充足。

教师：为什么火柴梗点燃了，小树枝没有点燃？

学生：火柴的热量不够，温度不够。

教师：热量不够什么，温度不够什么？

学生：不够，树枝需要燃烧的临界温度。

（交流后，教师布置任务：刚才没有点燃篝火的小组继续想办法点燃用小树枝搭建的篝火）

学生：思考、讨论，调整实验措施。学生架起小树枝，滴加酒精或用碎纸屑为引燃物，成功点燃了用小树枝搭建的篝火。

教师：在点燃篝火的过程中，你体会到点燃篝火需要满足哪些条件？

学生交流、讨论得出结论：燃烧条件为可燃物、与氧气接触、温度达到可燃物着火点。

教师：在点燃篝火的过程中，请反思实验过程中使用控制变量思想研究燃烧的对比实验。

学生：反思实验，找到表2-4中对比组并得出对应结论。

表 2-4　对比组和对应结论

对比组	相同量	不同量	结论
火柴梗平铺和架起	可燃物、温度	与氧气是否充分接触	燃烧需要氧气
火柴梗被点着，小树枝没有被点燃	可燃物、氧气	可燃物着火点	燃烧需要达到一定温度（可燃物着火点）
树枝燃烧，而蒸发皿中的沙子没有燃烧	温度、氧气	是否为可燃物	燃烧需要可燃物

教师：燃烧是化学反应，可以用化学方程式的形式把燃烧的三个条件之间的关系表示出来吗？

学生：思考并表示出燃烧本质：

$$可燃物 + 氧气 \xrightarrow{温度达可燃物着火点} 发光、发热（氧化反应）$$

情境：播放视频抛出实际问题，架好篝火后，用报纸引火，没有点燃篝火。

教师：篝火架空了，用了报纸引火，为什么没有点燃？可以采取什么措施点燃篝火？

学生：温度不够，可以用酒精或者汽油。

情境：播放视频，架好篝火后，用酒精助燃，点燃篝火。

教师：请评价当初所选地点和所带物品，有哪些优点和作用？

学生：选择开阔地带的优点是氧气充足，可燃物少，安全；所带的物品中需要有火种，引燃物和木柴。

此环节学生通过完成活动任务"点燃篝火"，自主进行项目式学习解决问题，在"做中学""玩中学"，反思对比实验深化对燃烧本质的理解，使思维得到进一步完善。学生有真实体验，同时又让思维得到了锻炼，对比分析的能力也得到了充分的发展。为了激励学生，在此环节会奖励学生积分卡片，其背面的工具图案将为下一环节的灭火提供素材支持。

2.3　虎腰：深入本质，解决问题——讨论、总结灭火的方法

教师：在刚才点燃的篝火中，部分木柴没有充分燃烧，造成了资源浪费，有哪些操作可以让木柴充分燃烧，提高燃料的利用率？

学生：思考、讨论从化学角度分析可以让木柴充分燃烧的操作——鼓入空气或者重新架空木柴。

教师：点燃熊熊的篝火，我们可以做什么？化学反应可以给我们带来什么？

学生：思考、讨论化学反应除了有新物质生成，还应伴随着能量变化。

教师：篝火晚会结束后，你怎么熄灭篝火？请大家利用上一环节所得的工具以及露营公园的其他物品，思考、讨论熄灭篝火的方法，并从燃烧本质出发，从化学角度分析灭火的原理。小工具卡片如图 2-12 所示。

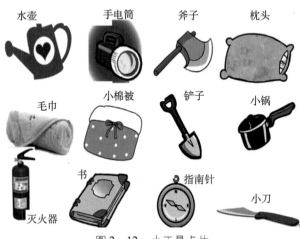

水壶　　　手电筒　　　斧子　　　枕头

毛巾　　　小棉被　　　铲子　　　小锅

灭火器　　书　　　指南针　　　小刀

图 2-12　小工具卡片

学生：思考、讨论熄灭篝火的方法，分析灭火的原理——移除可燃物、隔绝氧气、降温至着火点以下。灭火方法和灭火原理如表 2-5 所示。

表 2-5　灭火方法和灭火原理

灭火方法	灭火原理
水壶喷水	冷却法（降温至着火点以下）
铲土覆盖、用锅盖盖住等	窒息法（隔绝氧气）
移走篝火中的木柴等	隔离法（移除可燃物）

此环节期望学生发散思维，鼓励学生以小组竞赛方式创造性地提出各种灭火方法，并能够结合燃烧本质分析灭火原理。引导学生深入思考燃烧本质，解决实际问题，培养学生对探究的结果进行逆向思考的意识，从而帮助学生实现智慧的生成，完成生命的成长。

2.4　豹尾：创设情境，防灾教育——模拟灭火，进行火灾自救安全教育

教师：讲述干粉灭火器的使用方法。

学生：使用干粉灭火器，现场模拟熄灭篝火。

教师：如果出现火灾，火势较大，且有蔓延的可能，应该怎么办？

学生：思考、讨论火灾自救及逃生方法。

播放视频："了解灭火正确逃生"。如遇火灾，请正确拨打火警电话 119。

学生：观看视频，小组交流。

交流收获：发现火灾，先打火警电话 119。家庭火灾逃生建议：①被烟火围困，暂时无法逃离的人员，应尽量站在阳台、窗口等易被发现和能躲避烟火处。白天可以向窗外晃动鲜艳的衣物，或外抛轻型晃眼的东西向外求救。②自制器材，用滑绳自救。③用湿抹布捂住口鼻，蹲下沿着墙壁离开火灾现场。④不贪财务，迅速撤离。⑤火已及身，切勿惊跑拍打。当身上衣服着火时，可用湿被子盖住必熄灭火苗。

教师：用 PPT 展示与燃烧和爆炸相关的图标（见图 2 - 13）。

图 2 - 13　与燃烧和爆炸相关的图标

教师：同学们想一想，这些图标在哪些场合最容易出现呢？

学生：加油站、油库、面粉加工厂、纺织厂和煤矿等。

教师：因为这些地方的空气中常混有可燃性的气体或粉尘，它们遇到明火就有发生爆炸的危险。

学生：阅读教材资料卡片，进一步丰富易燃物和易爆物的安全知识。

此环节可增强学生日常生活中防范灾害的意识，同时通过讲授应急安全措施，提升学生珍爱生命的意识，提升学生的自救能力，构建化学学科生态·智慧课堂。

3. 教学反思

（1）核心教学策略——利用驱动性任务贯穿课堂。

第一课时以"点燃篝火"为项目任务，学生开始根据提供的实验材料自主规划实验方案，最终自主解决问题，体会并认识了燃烧的条件和本质；第二课时以"熄灭篝火"为项目任务展开，激活学生的发散思维，如想方设法熄灭篝火，并用干粉灭火器模拟灭火，进行火灾自救安全教育。学生在学习化学的过程中，除了学会基本知识、提高应试能力外，更重要的是学会自主构建化学学科分析、解决问题的思维方法。

（2）发展中学生核心素养，外显思路方法。

本案例从基于核心素养的化学生存教育的角度，对人教版九年级化学"燃烧与灭火"的主题进行教学设计，创设情境，通过小组合作、实验探究的活动促进学生参与学习，对比分析，使其在探究性学习中增进对化学学科内容的理解。通过教学建构的认识模型如图 2-14 所示。

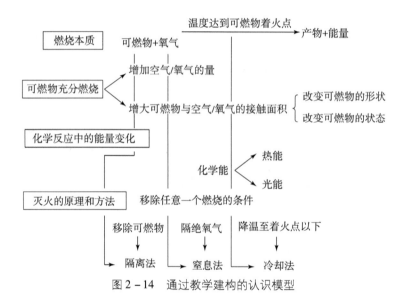

图 2-14 通过教学建构的认识模型

因此，在进行"燃烧和灭火"教学时，运用"自主·合作·探究"的教学模式，更能激发学生的思维，培养学生的综合素质和学习能力。

此环节帮助学生从感性认识多角度分析化工生产中的条件，权衡利弊，提高生产效率。当选择的条件对化学反应速率和化学平衡移动所起的作用相反时，还需要综合考虑，对反应条件进行系统评估。此环节期望学生能够发散思维，从多方面思考。

（3）后期改进设想：课堂与实践相结合。

生态·智慧课堂教学也可以直接在生活的某个场景中完成，不一定局限于课堂上的探究实验。可以带学生到合适场地上真的点燃一堆篝火，让每一位学生都能参与探索过程，真实观察实验现象，真正有效思考。这些都对教师提出了更高的要求——多关注生活，多思考所学知识与生活的联系，尽可能地关注学生智慧的形成和生命的成长，将课堂建构定位到"改变思维、启迪智慧、点化生命"的高度，让每堂课都成为一场呼吸，让每一场呼吸都成为学生生命的成长。

【案例分析】

本案例是生态·智慧课堂在物质的化学与社会发展部分的一次尝试。以"篝火晚会"为例，通过解决真实生活情境中的复杂任务，学生可切身感受到化学与生活、环境的密切联系。让学生在活动中体验，在体验中得到成长，因此在课程设计上，要构建生命成长和智慧生成的场域。

参 考 文 献

[1] 郑丽梅. 基于项目的学习在高中化学实验教学中的实践研究 [J]. 中学化学教学参考，2017（2）：54 - 56.

[2] 王磊. 羊城教育大讲堂：基于核心素养的学科能力研究——理论、评价及教学改进大会报告 [R]. 2017 - 11 - 27.

[3] 中华人民共和国教育部. 化学课程标准（2017 年版）[S]. 北京：人民教育出版社，2017.

[4] 陈继清.《燃烧和灭火》教学设计 [J]. 中小学教学研究，2019（2）：65 - 72.

[5] 张发新. 生活视角下的化学素养培养 [J]. 中学化学教学参考，2015（11）：7 - 9.

[6] 张冰峰. "情境教育"引领下的化学教学设计：以"燃烧与灭火"教学片段为例 [J]. 中学化学教学参考，2015（11）：18 - 21.

指向学生化学核心素养发展的单元教学实践——以"二氧化碳性质"为例

牛彩霞，白光耀

摘要：以"二氧化碳性质"这一单元教学为例，创建化学生态·智慧课堂，从选定项目、确立学习目标、挖掘实际问题及学习任务到制订课时计划等方面实施单元教学实践。学生在生活场、思维场、情感场和生命场四个场域中，经历分析海洋酸化的化学本质、海洋酸化带来的危害、提供解决办法等任务的完成，从资料中提取和整合有效信息，分析和解释实际问题的能力得到提高，化学学科核心素养得到培养。

关键词：化学学科核心素养；单元教学；二氧化碳

单元教学设计起源于 20 世纪初，是指形成单元主题并筹划教学目标、教学过程的设计。单元教学需要教师基于学科的核心素养，确定建立知识点之间的内在联系，选用合适的主题，并设计若干课时完成进阶式的教学任务[1]。

目前，指向学生化学核心素养的单元教学设计仍处于发展时期，尤其是在初中化学教学中，实施单元教学设计仍需要更多的探索和实践。因此，笔者从自身教学实践出发，以"二氧化碳性质"的教学为例，实施单元教学设计实践，阐明在初中阶段实施促进学生化学核心素养发展的单元教学实施路径。

1. "二氧化碳性质"单元教学设计思路

1.1 确定项目，构建单元教学内容

形成学科核心素养，展开学习活动，都离不开单元教学内容。构建单元教学内容要从三方面出发：一是关注化学问题，形成具备逻辑的知识点结构；二是关注化学问题的认识思路和方法；三是明确单元教学中需要渗透的学科核心素养。

单元教学设计的整体性、系统性和进阶性能促进学生核心素养的发展。在以往的教学中，"二氧化碳性质"以几个独立的实验来展开，学生根据实验现象总结出二氧化碳的性质。学生往往只关注学科知识本身，而不能顺利地进行实际问题的分析和解决。因此，选定合适的项目进行单元教学，能够帮助学生在形成知识的同时，也形成分析解决实际问题的思路和方法，使核心素养得到落实。

"拯救酸化的海洋"这一案例具有丰富的教学价值（见图 2 - 15）。海洋酸化是 CO_2 带来的一个社会问题，造成这一现象的化学本质与 CO_2 化学性质息息相关。当大气中 CO_2 含量升高时，CO_2 被海水吸收并与 H_2O 反应生 H_2CO_3，引起海水酸性增加。海水酸化带来的危害之一是珊瑚礁的消失，珊瑚礁的主要成分是 $CaCO_3$，在酸化的海洋中，CO_2 与 $CaCO_3$ 反应，使 $CaCO_3$ 转化成可溶于水的 $Ca(HCO_3)_2$，引起珊瑚外壳溶解。为拯救酸化的海洋，主要从 CO_2 减排和 CO_2 利用两个角度考虑，而 CO_2 的实际应用中又涉及 CO_2 的物理性质和化学性质。在探索海洋酸化和珊瑚礁消失的化学本质过程中，学生结合阅读材料，提取整合信息，设计探究实验，分析和解决实际问题的能力得到提高；在合理利用 CO_2 的环节，学生逐渐建立物质的性质、用途或现象之间的关系，形成物质观和合理利用

物质性质的观念。通过该项目的学习，学生将元素守恒、控制变量化学思想深度应用和发展，变化观念、证据推理、科学探究、社会责任等化学核心素养得到充分落实。

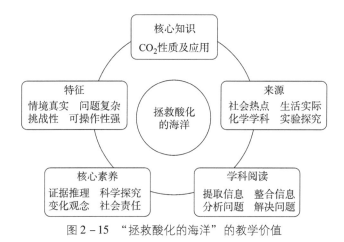

图 2 - 15　"拯救酸化的海洋"的教学价值

1.2　确立单元教学目标[2]

二氧化碳是"身边的化学物质"主题下的典型代表物之一，在初中化学知识体系中占有重要位置。《义务教育化学课程标准（2011 年版）》指出"身边的化学物质主题的教学要注重从日常生活和生产中选取学生熟悉的素材，注重引导学生通过观察和实验探究活动，认识物质及其变化，体验化学之美，认识学习化学的重要意义"。基于课标及核心素养，形成以下单元教学目标。

（1）能阅读材料，提取核心问题，选定并拆解研究项目，形成"是什么（化学实质）、为什么（形成原理）、带来什么影响（正面、负面）、如何解决（结合原理及影响确定方案）"的系统解决问题的思路。

（2）能依据探究实验的一般过程对海洋酸化的本质进行探究，利用资料信息设计方案，分析实验结果并得出结论，掌握 CO_2 的性质。

（3）能依据实验现象、资料信息及元素守恒化学思想书写陌生方程式，进一步利用 CO_2 的性质解释生活现象。

（4）能结合阅读材料，体会 CO_2 在实际生活中的应用，并根据应用推测体会 CO_2 的性质，建立物质的性质、用途或现象之间的关系，形成物质观和合理利用物质性质的观念。

（5）学会辩证地看待问题，提高分析和解决化学问题的能力，充分落实变化观念、证据推理、科学探究、社会责任等化学核心素养。

1.3 分析学习起点[3]

在本单元教学之前，学生已具备一些零散的知识，如检验 CO_2 用澄清石灰水，CO_2 不可燃且不支持燃烧，CO_2 是光合作用的原料等。在氧气的学习中，学生已初步知道研究物质的角度，如来源、性质、应用等。在以往的学习实践中，学生已初步具备了基于实验研究物质性质的能力，能够对条件探究型实验进行简单设计，并根据实验证据推得实验结论。但是，对复杂实验的研究仍然缺乏严谨的基于变量控制的设计实验进行研究的能力。

1.4 确立学习认识思路

基于此，设计了图 2 – 16 所示单元教学流程，学生选定项目、拆分项目并解决问题，在此过程中，学生逐渐形成解决问题的一般方法和思路。通过对 CO_2 相关性质的学习，形成系统研究物质的角度，获得解决环境问题的基本思路，形成保护环境的观念和意识，同时，提高对控制变量的设计实验进行研究的能力。

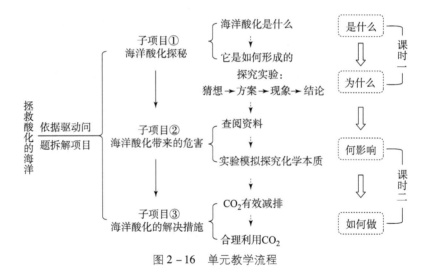

图 2 – 16 单元教学流程

2. 单元教学设计案例实施过程

2.1 海洋酸化探秘（第一课时）

教师：播放海洋图片，介绍我们的地球表面有 2/3 被海洋覆盖，海洋对于我们的生活有很多贡献。但是，海洋目前面临着很多问题，如海洋酸化及其如何解决。

学生：依据驱动性问题，选定研究项目为拯救酸化的海洋，并对项目进行拆解，确定子项目——①海洋酸化探秘；②海洋酸化带来的危害；③海洋酸化的解决措施。

学生：阅读资料，提取与海洋酸化有关的信息：海洋酸化是指海洋吸收大气中过量的 CO_2，导致海水逐渐变酸。

学生提出问题：什么是酸？

教师提供资料：

（1）酸是一类化合物，常见的酸有硫酸、硝酸、醋酸等，它们能使紫色石蕊试液变色。

（2）实验室中可用 pH 值衡量酸的多少。溶液中酸越多，溶液的 pH 值越小。

教师发布任务：设计实验，探究海水酸化的化学本质。

学生提出猜想：海水酸化的化学本质是 H_2O 和 CO_2 发生化学反应，生成了一种新物质——酸。

学生：小组活动，设计方案证实猜想。

教师：组织学生汇报设计成果，并优化确定实验内容，如表 2 - 6 所示。

表 2 - 6　学生设计的实验内容

	实验内容	设计理由
1	酸、石蕊	探究石蕊遇到酸时会变成什么颜色
2	CO_2、H_2O、石蕊	探究 CO_2 和 H_2O 反应是否生成新物质——酸
3	CO_2、石蕊	探究 CO_2 是否能使石蕊变色（证伪）
4	H_2O、石蕊	探究 H_2O 是否能使石蕊变色（证伪）

教师：提供实验用品——两瓶收集好的 CO_2 气体、四张干燥的紫色石蕊试纸、稀醋酸溶液、蒸馏水、点滴板、镊子、胶头滴管。

学生：小组合作，设计实验方案并完成实验，证实猜想。观察到醋酸溶液能使干燥的石蕊试纸变红，H_2O 和 CO_2 均不能使干燥的石蕊试纸变红，而 H_2O 和 CO_2 混合则可以。实验充分证实海水酸化的化学本质是 H_2O 和 CO_2 发生化学反应，生成了一种新的物质——酸。学生设计的实验方案如表 2 - 7 所示。

表 2 - 7　学生设计的实验方案

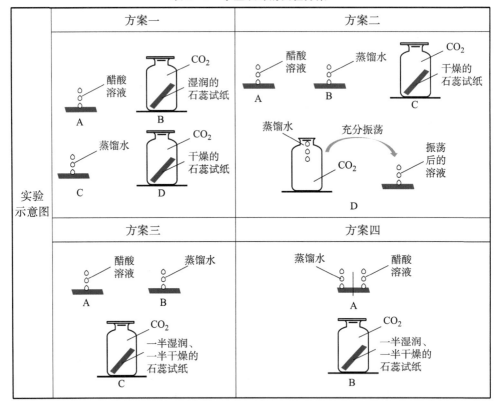

教师：点评几种实验方案的优缺点。方案一和方案二将表 2 - 6 中的四项实验内容分别进行了验证，方案三和方案四将四项实验内容适当进行合并，节省实验用品，减少实验步骤，更易于操作。

教师：肯定学生们的实验结论。进一步指出，经科学证实，H_2O 和 CO_2 生成的酸为 H_2CO_3。

学生：完成化学方程式（2 - 1）。

$$CO_2 + H_2O === H_2CO_3 \qquad (2-1)$$

教师：补充实验，用吹风机将变红的石蕊试纸吹干，试纸又恢复为紫色。

学生：再次体会 H_2CO_3 的存在及 H_2CO_3 的不稳定性，写出化学方程式（2 - 2）。

$$H_2CO_3 === CO_2 \uparrow + H_2O \qquad (2-2)$$

教师：总结，上述研究过程确定是 CO_2 与 H_2O 生成的 H_2CO_3 导致海水变酸，这是从定性角度进行研究。提问：如何定量地描述海水变酸的程度呢？

学生：阅读资料，提取出定量地描述海水变酸程度的方法——pH 值越小，酸性越强。

教师：演示实验，模拟海水酸化实验，其装置见图 2 - 17。

图 2 - 17　海水酸化模拟实验装置

学生：汇报现象，无 CO_2 通入时，水的 pH 值不变，随着 CO_2 的通入，体系的 pH 值下降。结合资料，得出结论，CO_2 与 H_2O 反应生成 H_2CO_3，体系 pH 值下降，这是海水酸化的化学本质。

教师：提问，溶于水的 CO_2 是否都与 H_2O 反应生成了 H_2CO_3？

学生：阅读资料，分析数据，确定溶于水的 CO_2 只有一部分参与反应，因为图中显示，海水中存在 CO_2。海水中 CO_2 浓度随大气中 CO_2 的浓度增加而增加，也说明 CO_2 在水中的溶解有一定限度。

学生：在教师辅助下，画出 CO_2 被海水吸收后的物质转化（见图 2 - 18），体会海水中存在的粒子有 CO_2、H_2CO_3、H_2O 等。

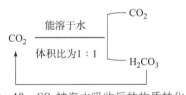

图 2 - 18　CO_2 被海水吸收后的物质转化

教师：引导学生总结探究实验的一般方法——提出猜想（结合未知信息、关注物质环境、利用元素守恒）→设计实验内容（全面考虑物质、设计对照实验、明确设计意图）→实施实验方案（可依据节约、便捷等原则优化）→观察实验现象（事实证据）→得出结论。

设计意图：通过对阅读材料中信息的提取整合，以及科学探究过程，解决海洋酸化的化学本质及形成过程。充分利用对比思想和证伪原则，对海洋酸化的化学本质进行定性描述。再借助信息和模拟实验，对海洋酸化的化学本质进行定量描述。学生充分体会由定性到定量的化学思想方法在解决实际问题中的应用，使变化观念、证据推理、科学探究的化学核心素养得到进一步提升。

2.2 海洋酸化带来的危害及解决措施（第二课时）

2.2.1 海洋酸化带来的危害

学生：阅读资料，提取海洋酸化带来的危害——珊瑚和软体动物等长有坚硬外壳（主要成分是碳酸钙）的生物，因为外壳溶解现象而难以生存。

教师：演示实验，模拟珊瑚外壳溶解实验，其装置见图2-19。

图2-19 珊瑚外壳溶解模拟实验装置

学生：观察发现，随着 CO_2 的不断通入，澄清石灰水先变混浊，又变得澄清，深刻体会在海洋酸化情况下，珊瑚外壳会溶解。同时，提出问题，溶解后生成了什么物质？

教师：提供资料，珊瑚外壳溶解时发生了化合反应。

学生：结合资料，利用元素守恒思想及已有基础知识，完成化学方程式（2-3）和（2-4）。

$$CO_2 + Ca(OH)_2 =\!=\!= CaCO_3\downarrow + H_2O \qquad (2-3)$$

$$CO_2 + CaCO_3 + H_2O =\!=\!= Ca(HCO_3)_2 \qquad (2-4)$$

设计意图：根据阅读资料获取海洋酸化带来危害的信息，结合模拟实验和已有基础知识，探寻珊瑚消失的化学本质。学生根据元素守恒思想及相关信息，能够正确写出化学方程式，使其用正确的化学术语解释化学问题的能力进一步得到提升。

2.2.2 海洋酸化的解决措施

学生：小组讨论，提出海洋酸化的解决措施有两个方向：一是源头上减少碳排放；二是增加对 CO_2 的吸收。

教师：发布任务，如何从源头上减少碳排放？

学生：含碳元素的燃料燃烧可产生 CO_2，因此，使用清洁能源，出行多乘坐公共交通工具，减少私家车使用，减少含碳燃料的使用，减少一次性塑料袋的使用，可减少 CO_2 排放。

教师：发布任务，如何增加对 CO_2 的吸收？

学生：利用 CO_2 的不同性质（如与水反应、与碱反应等）进行吸收，吸收后还可以"变废为宝"，加以利用。

教师：发布任务，阅读 CO_2 在实际生活中的应用或影响，指出分别体现了 CO_2 的哪些性质，并提出相应的吸收方式。

学生：小组讨论，阅读材料，体会 CO_2 的性质与应用之间的联系，寻找相应的吸收方式。

教师：组织学生汇报交流（见图 2－20）。

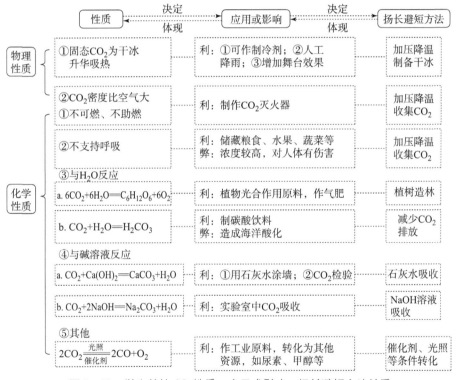

图 2－20 学生总结 CO_2 性质、应用或影响、扬长避短方法关系

设计意图：学生通过阅读 CO_2 在实际生产生活中的应用或影响，提炼 CO_2 的相关性质，提出合理的扬长避短方法，逐渐形成"应用体现性质，性质决定应用"的物质观念。在化学性质②和③中，利用同一性质，既可以产生不利影响，也可以服务于人类的生产生活。学生通过这样的总结和对比，学会辩证地认识物质，形成合理利用物质的观念。

3. 单元教学设计案例反思

本案例基于课程标准，整合阅读资料，以"拯救酸化的海洋"为项目进行初三化学 CO_2 的性质探究。在探究海洋酸化本质过程中，学生兴趣浓厚，参与度极高。学生通过设计方案，讨论、修正、实施实验方案，最终通过分析实验现象得到海洋酸化的本质，并能用化学用语（化学方程式）进行精准表达。学生结合资料获取 CO_2 在实际生活中的应用，准确建立应用（影响）、性质之间的关联，充分体会事物的两面性。在完成整个任务过程中，学生获取信息、解决实际问题的能力得到提高，同时系统研究问题的思路和方法也得以形成。课后以"我为二氧化碳代言"进行单元教学效果的检验，85% 的学生能够从 CO_2 的来源、应用（影响）等方面进行介绍，并关注到 CO_2 性质和应用（影响）之间的关系，从正反两方面认识 CO_2，单元教学目标基本完成。

【案例分析】

本案例是生态·智慧课堂在化学与社会发展部分的一次尝试。学生置身于生活场中，经历海洋酸化成因分析、危害分析以及解决途径探寻；在思维场中形成了"是什么—为什么—何影响—怎么做"的高阶思维；在情感场中，学生在化学学习的启蒙阶段，非常深刻地体会化学知识对解决人类生存环境问题的重要性；在生命场中，学生的知识和情感都得到了进一步的发展，生命得以健康成长。

参 考 文 献

[1] 喻俊，叶佩佩. 促进学生核心素养发展的单元教学设计实践探索 [J]. 化学教学，2020（5）：51 – 55.

[2] 杨玉琴，倪娟. 学科核心素养视域下的教学目标：科学研制与准确表达 [J]. 化学教学，2019（3）：3 – 7.

[3] 杨玉琴. 核心素养视域下的单元教学设计：内涵解析及基本框架 [J]. 化学教学，2020（5）：3 – 8，15.

第3章

高中化学生态·
智慧课堂教学实施路径及案例

本章导读

本章共分为 5 节，主题分别为常见无机物与性质、化学反应原理、物质结构与性质、有机化学、化学与社会发展。其中，第 1 节以"物质的分类"进行开篇，介绍无机物学习的思路方法，后续又以"氯及其化合物"和高三复习课"硫及其化合物"为案例进行介绍；第 2 节通过三个案例从化学反应速率与平衡、水溶液中的离子平衡和电化学方面进行阐述，最后又以"原电池"为例在学科融合（化学、物理、生物）方面进行了介绍；第 3 节分别进行了原子结构和分子结构的案例尝试；第 4 节以"碳原子的成键特点"开篇，讲授有机化合物学习的思路方法，统领有机学习，又以卤代烃和醇两个案例进行实践；第 5 节以"钢铁厂工业设计""探秘含氯消毒剂"和"可降解高分子材料合成"三个不同角度的案例在不同年级实施教学，让学生在问题解决中提升核心素养，关注化学与社会发展。

■ 第 1 节　常见无机物与性质

建立多角度认识物质的思路和方法——以"物质的分类"为例

胡若欣

摘要：为培养学科核心素养，以传授知识为辅，以关注学生智慧生成为重点，该教学案例对"物质的分类"新授课进行设计，将课程的中心从掌握物质分类的方法转移到帮助学生建立多角度认识物质化学性质的思路。这种课程设计不仅将离子角度引入物质类别的分析视角中，使学生的离子观外现，提出离子角度实际上是类别通性的丰富与发展，还通过活动的设计和提问的方式强调了明确分类依据的重要性，引导学生自主搭建从物质类别通性角度认识陌生物质化学性质的完整思路，真正理解物质分类的意义。

关键词：化学学科核心素养；宏观辨识与微观探析；物质的分类

前言

学科核心素养是学科育人价值的集中体现，高中化学学科核心素养是高中学生发展核心素养的重要组成部分。其中，"宏观辨识与微观探析"素养要求学生能从不同层次认识物质的多样性，并对物质进行分类，具备从宏观和微观相结合的视角分析与解决实际问题的能力。"物质的分类"课程内容既是培养这一学科核心素养的基础，又面临着新的挑战。生态·智慧课堂提出，要在课堂教学过程中传授知识，同时培养智慧、提升生命价值。知识并不是教学的目的，知识背后蕴含的智慧与价值才是我们要关注的。因此，关注学生的实际所得，教会学生面对陌生物质的思考角度和方法，是本案例教学设计的重点。

1. "物质的分类"知识分析

分类不仅是学习和研究化学物质及其变化不可或缺的科学方法，而且是人类在生活中发现和掌握世间规律的一种方法。然而，以往的课堂对"交叉分类法"和"树状分类法"的了解和记忆已不能满足学科核心素养的要求。若在课程标准"能根据物质组成和性质对物质进行分类"的基础上，关注学生对物质分类依据的理解，则可以帮助学生自主建立基于类别认识物质的视角。通过合理地调整教学顺序，尝试在"物质的分类"这一课前讲授离子反应的知识，使学生从离子角度更准确、全面地认识酸、碱、盐的性质；同时，结合离子观使学生认识酸、碱、盐的本质，这将是对物质分类这一认识角度的丰富和发展，有助于培养学生"宏微结合"分析问题的能力和对知识的综合运用能力。

因此，本案例的课程内容既复习了初中阶段按元素组成对物质进行分类的知识，又结合了从离子角度认识酸、碱、盐本质的知识。帮助学生建立预测陌生物质化学性质的一个重要角度——物质类别通性，为另一个重要角度——核心元素化合价做铺垫，并为之后学习单一的元素化合物打好基础。

2. 学生学习的基础与认识发展分析

在初中阶段，学生对化学物质分类的认识已有雏形，能够按照元素组成对物质进行分类；进入高中阶段，由于教学顺序的调整，学生已了解了电解质、非电解质的概念，从离子角度认识了酸、碱、盐的本质。

针对学生物质分类的能力进行教学前测试后发现，学生在物质分类方面存在几个问题。首先，学生具有将物质分类的意识，但不明确分类的目的，认知停留在初中阶段，层次单一。其次，学生不能给出分类的明确依据，易混淆依据与结果。若不能理解分类的依据，将很难真正掌握分类的意义。最后，学生虽然已经学习了电解质的定义及离子反应，但在进行分类时，仅能关注到物质是否是电解质，并未落实到物质电离后的结果，不能将离子的性质与物质的化学性质联系起来，因此缺乏从离子角度进行分类的意识，尚未形成清晰的离子观。

3. "物质的分类——多角度认识物质的性质"教学活动设计与实践

3.1　整体教学思路

为培养学科核心素养，关注学生所得，本案例旨在实现以下目标。

（1）能够根据物质的元素组成和化学性质对物质进行分类。

（2）熟知各类物质的通性，并掌握酸性氧化物和碱性氧化物的定义和通性。

（3）初步形成预测陌生物质化学性质的思路与方法，能从宏观和微观相结合的视角分析与解决问题，体会分类对化学科学研究和化学学习的重要作用。

（4）通过探究与生活实际相联系的性质，培养学生的科学精神与社会责任。

本课程主要分为四个环节，以任务驱动的教学方法帮助学生自主建立认识物质的思路和方法。各环节教学设计如表 3 – 1 所示。

表 3 – 1　"物质的分类——多角度认识物质的性质"各环节教学设计

环节	任务	关注重点	目的
一	分析 6 种典型物质分类角度的依据	分析对认识物质的化学性质最有帮助的角度	形成认识物质化学性质的角度和思路
二	预测 $Ba(OH)_2$ 的化学性质	预测 $Ba(OH)_2$ 化学性质的依据	建立认识物质的思路和方法
三	以游戏竞猜的形式概括各类物质通性	理解物质分类的真正依据及氧化物的分类	熟悉各类物质的通性

续表

环节	任务	关注重点	目的
四	设计去除 SO_2 的方案	预测 SO_2 化学性质的依据，联系生活实际解决问题	掌握认识物质的思路和方法，认识物质化学性质的另一角度——核心元素化合价

3.2　主要教学环节与活动

3.2.1　环节一：形成认识物质性质的角度和思路

在课堂引入阶段，向学生强调，初中时孤立的物质学习不足以实现认识和改造世界的目的。在探索世界的过程中，我们应该如何认识遇到的陌生物质，是本节课要解决的问题。

第一个环节的目标是使学生能够对物质进行分类并准确说出分类的依据，建立物质分类的角度。从学前测验结果可看出，学生缺乏对物质分类依据的认识，不理解物质分类的意义。本环节选出了学前测验中学生所写的 6 种典型分类角度，任务要求学生独立观察这 6 种分类角度，并通过小组讨论写出分类的依据，其结果如图 3 - 1 所示。在实施过程中，通过不断地追问，引导学生准确说出分类依据，理解依据与结果的区别。

活动一　判断并写出下表中几种典型树状分类结果的分类依据。

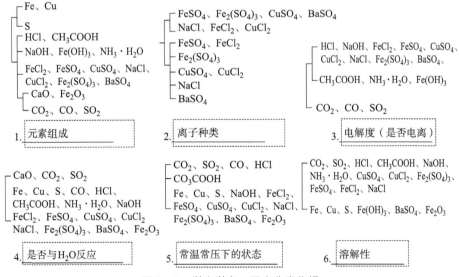

图 3 - 1　学生学案：写出分类依据

随后向学生提问哪个角度对认识物质的化学性质最有帮助。这是该环节设计的关键，该问题能够使学生自主发现这些分类角度实际上是从化学性质和物理性质两方面来思考的，从而对从多角度认识物质有更加清晰的认知。对比元素组成、离子种类、电角度（是否电离）、是否与水反应这四类依据，学生能够判断出按照元素组成对物质进行分类的角度对认识陌生物质的化学性质是最有帮助的，这为完成后续环节的任务及实现课程目标打下了基础。

此外，值得注意的是，此时学生认为按照元素组成分类对化学性质最有帮助的思路是基于对酸、碱、盐的化学性质的认识，学生的认知正处于从初中按照元素组成分类到高中按照化学性质分类的过渡阶段，这也是之后需要突破的地方。

3.2.2　环节二：建立认识物质的思路和方法

本环节任务要求学生根据环节一中形成的思考角度，以小组讨论的形式预测 $Ba(OH)_2$ 可能具有的化学性质。选择类别通性较少的碱作为陌生物质有助于设置难度适当的任务，更快地帮助学生初步建立思路和方法。对于碱，学生的主要落脚点常在 OH^- 的性质上，容易忽略该物质同时具有的阳离子性质。因此，$Ba(OH)_2$ 是十分合适的素材，它不仅要求学生用物质类别的角度进行分析，还要运用离子角度加以完善。在教学实施中，教师挑选一个小组来分享讨论结果，并由其他学生补充。实际课堂记录内容如表 3-2 所示。

表 3-2　教学实施过程中课堂记录内容——学生预测的 $Ba(OH)_2$ 化学性质

序号	可能具有的化学性质
1	与酸反应（碱）*
2	与某些盐/阴离子反应（Ba^{2+}）
3	与某些盐/阳离子反应（OH^-）
4	与指示剂反应（碱）
5	与部分氧化物反应（碱）
6	与某些盐发生置换反应（Ba^{2+}）

注：括号中为学生预测该性质时所思考的角度和依据。

当学生在课堂中展示自己预测的结果时，可以通过初中所学知识顺利预测 $Ba(OH)_2$ 可以与酸反应，体现学生具有初步认识陌生物质的思路和方法，即利用物质类别通性，这也是本环节想要实现的目标之一。此外，学生也会按照初中学习的习惯提出 $Ba(OH)_2$ 可以与某些盐反应，如硫酸盐。在教师追问其依据的情况下，学生才会回答是根据 $Ba(OH)_2$ 中含有 Ba^{2+} 判断的。通过这样的追问，可以使学生逐渐形成结合离子观预测和解释物质化学性质的思路，对微观本质也有了更清晰的认识。还有学生提出 $Ba(OH)_2$ 可能具有腐蚀性，因为他们所熟悉的 NaOH 具有腐蚀性，同时这个观点也得到了学生们的认可。这说明学生不仅开始懂得用类别通性来预测物质性质，还有了利用物质性质反过来预测类别通性并加以应用的思路。

继续利用 $Ba(OH)_2$ 这一素材，列举 $Ba(OH)_2$ 在生活中的两种应用，通过提问的方式让学生发现，利用刚刚预测 $Ba(OH)_2$ 化学性质的两种角度，可以很好地解释 $Ba(OH)_2$ 的生活实际问题（见图 3-2）。这样的设计使"物质的分类"这一课不只教会学生认识物质性质的思路和方法，还使学生体会到分类的意义。

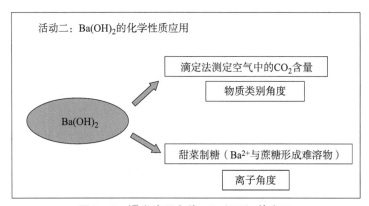

图 3-2　课堂演示文稿：$Ba(OH)_2$ 的应用

3.2.3　环节三：熟悉各类物质的通性

在环节一中可以发现，学生会依据元素组成将氧化物分为金属氧化物和非金属氧化物，这样的分类方式实际上并不能帮助预测化学性质。此外，"物质的分类"这一课中的一个要点就是酸性氧化物和碱性氧化物概念的建构，它的内涵便是要求学生理解高中阶段物质分类的依据是化学性质，而不再是元素组成。本环节的教学重点是设计活动使学生自主发现原有的按元素组成分类角度的不足，在此基础上认识物质类别角度的另一个依据是化学性质。

这一环节的特色是游戏的设置。首先以碱为例，教师带领学生根据环节二的内容总结碱的类别通性，重点强调在描述性质时必须说明参与反应的物质及反应生成的产物。然后布置任务，为了充分调动学生的兴趣，将学生分为四组，每组学生随机抽取酸、盐、单质和氧化物作为自己组所代表的物质，针对该类物质具有的化学性质进行讨论，并以不透露该类物质名称为原则，通过描述化学性质让其他学生猜测。因为学生的原本认知只能将氧化物分为金属氧化物和非金属氧化物，所以在讨论时，氧化物组无论怎么归纳都无法得出通性。教师需要指导他们在无法描述通性的情况下尽可能多地讨论出熟悉的氧化物具有的性质,以便学习新知识。接着在竞猜环节可以发现,描述酸、盐的通性可以使学生熟悉和掌握概括物质类别通性的方法,再描述单质的通性则进一步使学生认识到细致分类的重要性,同时发现只有氧化物的类别通性难以描述,这也是该游戏设计的目的。最后通过提问,让学生意识到用于预测物质性质的分类方法其实依据的是化学性质,并结合氧化物组描述的性质,带领学生学习按化学性质对氧化物进行分类。

3.2.4 环节四:掌握认识物质的思路和方法,认识物质化学性质的另一角度——核心元素化合价

最后一个环节,要求学生能够熟悉和掌握认识物质的思路和方法,联系生活实际,学以致用。围绕 SO_2 这一典型的酸性氧化物,创设情境,设计较难的任务。首先为学生提供 SO_2 资料一 [见图 3-3(a)],要求学生设计去除 SO_2 的方案。从教学效果来看,首先学生能够厘清思路,知道要依靠化学方法去除 SO_2,需要先判断出 SO_2 属于酸性氧化物,再利用酸性氧化物的通性预测 SO_2 的化学性质。随后教师在课件中总结学生预测 SO_2 性质的思路方法 [见图 3-3(b)]。图 3-4 展示了部分学生的思考情况。

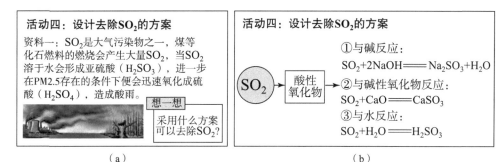

活动四:设计去除 SO_2 的方案

资料一:SO_2 是大气污染物之一,煤等化石燃料的燃烧会产生大量 SO_2,当 SO_2 溶于水会形成亚硫酸(H_2SO_3),进一步在 PM2.5 存在的条件下便会迅速氧化成硫酸(H_2SO_4),造成酸雨。

想一想
采用什么方案可以去除 SO_2?

（a）

活动四:设计去除 SO_2 的方案

SO_2 → 酸性氧化物

①与碱反应:
$$SO_2 + 2NaOH === Na_2SO_3 + H_2O$$
②与碱性氧化物反应:
$$SO_2 + CaO === CaSO_3$$
③与水反应:
$$SO_2 + H_2O === H_2SO_3$$

（b）

图 3-3 课堂演示文稿:SO_2 资料一和预测 SO_2 性质的思路方法
（a）SO_2 资料一;（b）预测 SO_2 性质的思路方法

学生一:

猜想:加入 H_2O 再用碱与它反应

学生二:

①加入 NaOH 溶液（或其他碱性溶液）
②加水使其溶于水

$$SO_2 + CaO === CaSO_3 \quad SO_2 为酸性氧化物$$

学生三:

①用 H_2O 吸收:
$$SO_2 + H_2O === H_2SO_3$$
②用碱吸收:
$$2OH^- + SO_2 === SO_3^{2-} + H_2O$$
③用碱性氧化物吸收。

图 3-4 部分学生的思考情况

本环节的第二个设计意图是在学生已经掌握物质类别角度的基础上，向学生介绍另一个认识物质化学性质的角度——核心元素化合价。通过提供 SO_2 资料二 [见图 3 - 5 （a）]，使学生了解工业中常用的去除 SO_2 的方案，并要求判断该反应是否是酸性氧化物的通性。引导学生理解，要解决 SO_2 相关的生活实际问题，要先从物质类别和化合价两个角度出发认识 SO_2 的化学性质 [见图 3 - 5 （b）]。这也为学生学习氧化还原反应做了铺垫。

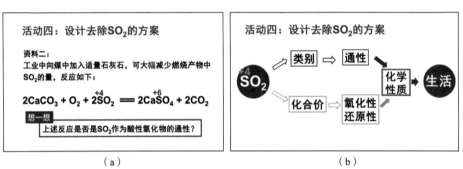

（a）　　　　　　　　　　　　　　　　　（b）

图 3 - 5　课堂演示文稿：SO_2 资料二和联系 SO_2 与生活实际的两个角度

（a）SO_2 资料二；（b）联系 SO_2 与生活实际的两个角度

综上所述，通过本课程的四个环节，学生能够掌握利用不同角度认识物质的思路和方法，也解决了课堂一开始提出的问题——如何认识遇到的陌生物质。学生能从不同层次认识物质的多样性，并对物质进行分类，利用微观离子的视角丰富了物质类别的思考角度，也认识到化学对于解决生活实际问题的贡献，具有了一定的学科素养。

4. 教学效果分析与教学反思

（1）不断追问，思路外现。

在本教学案例的实施过程中，教师做得最多的是利用追问的方式引导学生说出思考的依据。这是本课程帮助学生自主建立多角度认识物质性质思路的关键。无论是学前测验还是各教学环节，任务的难度并不高，而任务的目的就是让学生在完成任务的情况下，意识到自己的思路。例如，在学生预测 $Ba(OH)_2$ 的性质时，通过不断地回答"为什么"，逐渐从被追问依据发展到先描述性质再说出依据，最后到先表达依据再推测性质。这一看似简单的过程，实际上是学生思路的外现。学生能感受到这个思路并不是被教出来的，而是自己原本就有的。通过教师的追问和归纳总结，学生也能够形成更有条理和逻辑。

（2）引入离子观，思路更清晰。

通过学前测验发现，学生不能将离子的性质与物质化学性质联系起来，尚未形成清晰的离子观。在环节一中可以发现学生能轻松判断出按离子种类分类方式的依据，说明学生有了离子的观念，只是不够具体，还不能灵活运用，需要教师的点拨。因此，当学生在环节二中只能说出 $Ba(OH)_2$ 与部分盐反应时，通过追问依据，成功地让学生意识到自己思考的角度是基于 $Ba(OH)_2$ 能够电离出的两种离子，并且可以用离子角度将思路表达得更清晰。本案例充分发挥了 $Ba(OH)_2$ 这一素材的作用，使学生在从物质类别角度思考陌生物质性质的同时，能够结合微观的离子角度，形成清晰的思路。

不足之处在于，在课堂上没有足够的时间评价学生运用离子观的学习效果。环节三的设计只关注了学生是否能概括类别通性，而环节四的素材中对 SO_2 的性质预测则不需要离子观。合理而清晰的表达其实也是学生需要具备的能力之一。因此，可以在环节三中做些改善，在概括类别通性时，要求学生从离子角度详细描述各类物质与盐反应这个性质。

【案例分析】

本案例是高中阶段学生学习元素化合物的启蒙课程，重在打造思维场，在教学中不仅限于知识的传授，还要帮助学生自主建立思考问题的思路和方法，促进学生智慧的生成。本案例的四个环节的具有鲜明的特色，能够在从设计到完成的过程中时刻关注学生的实际所得，达成教学目标。环节三和环节四还可以进一步完善，可根据学生实际情况进行调整。另外，本案例在最后引出了认识物质的另一个角度——核心元素的化合价，并利用实例向学生展示了从两个角度预测物质性质的思路。如果继续调整教学顺序，可让学生在"物质的分类"这一课前学习氧化还原反应，或许会对学生建立认识世界的角度更有帮助。这种设计的利与弊是值得思考和探索的。

基于元素化合物认识模型的化学生态·智慧课堂教学
——以"氯及其化合物"为例

曾　璐，于　璐

摘要：以"氯及其化合物"为例，基于元素化合物认识模型，将探究式教学、化学研究方法教学和具体化学知识的落实有机结合起来。在生活场、思维场、情感场和生命场四个场域中，学生在解决真实问题的过程中，学习氯及其化合物的知识，发展认识无机物的能力。

关键词：氯及其化合物；实验探究；生态·智慧课堂

1. 案例背景

我校提出的生态·智慧课堂是新课程背景下的创新性课堂，是教学内容、方法、策略的有效整合。生态智慧课堂提倡在平等自然、宽松和谐的学习环境中，以学生为主体，传授知识和技能，开发潜能，发展创造性，体现知识与生活融合，将知识运用于实践[1]。

北京师范大学高端备课组王磊老师提出了金属及其化合物认识模型（见图3-6）。基于该模型，从物质类别的角度，学生可以掌握物质的通性；从化合价的角度，学生可以分析物质的氧化性和还原性。其主要是根据物质的性质和物质之间的转化解决一系列问题，从而促使学生在解决问题的过程中建立一个系统性思维[2]。

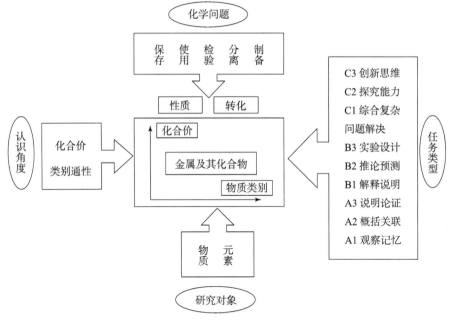

图3-6　金属及其化合物认识模型

本文以《海水中的重要元素——氯及其化合物》第一课时教学为例，说明基于元素化合物认识模型，帮助学生学习元素化合物知识，领悟正确的元素化合物的研究方法。在生态·智慧课堂中，发展学生化学核心素养和关键能力，使学生全面发展、全体发展、个体发展。

2. 整体教学设计

以含有氯元素的典型物质氯单质和次氯酸为研究对象，从物质类别和价态两个角度，研究两者的性质，以及氯气和水的反应，解决如何检验氯气和水反应产物，制备家庭实用的消毒剂等问题，从而培养学生解释说明、推论预测、实验设计、创新思维等能力。氯及其化合物教学流程如图 3-7 所示。

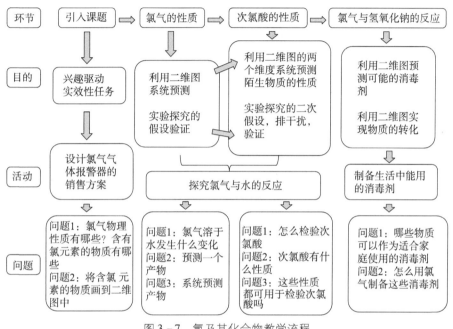

图 3-7　氯及其化合物教学流程

3. 教学过程

课前任务：设计氯气气体报警器的销售方案。

教学意图：通过课前预习性任务，学生可以了解氯气的物理性质、化学性质、用途等知识，从而提高学习兴趣。

引言：教师展示学生们设计的氯气气体报警器销售方案的亮点。学生观看，学习其他同学的方案。

教学意图：结合自己和其他同学的方案，进一步扩展氯气的相关知识。

3.1　环节一：总结氯气的物理性质、用途及含氯元素的物质

问题 1：氯气有哪些物理性质？你知道哪些含有氯元素的物质？

学生根据课前任务，系统总结氯气的用途、物理性质、含氯元素的物质。

问题 2：将你知道的含氯元素的物质画到二维图中。

学生结合化合价—物质类别二维图（见图 3 - 8），将含氯元素的物质进行分类。

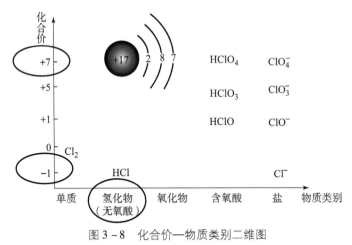

图 3 - 8　化合价—物质类别二维图

教学意图：通过课前任务，学生较快地总结氯气的用途、物理性质，并将含有氯元素的物质放在二维图中；将真实问题转化为化学知识，引起学生的思考，发展二维图，认识非金属元素化合价与结构的关系。

3.2　环节二：探究氯气溶于水的反应

问题 1：氯气溶于水发生了什么样的变化？

学生根据实验现象和经验，预测氯气溶于水的变化。

问题 2：怎么验证氯气溶于水发生了化学变化？

学生根据经验和感觉，设计实验，验证氯气和水反应的产物。

问题 3：系统全面预测氯气和水反应的产物。

学生利用二维图（见图 3 - 9），系统分析氯气的化学性质，从而预测反应的产物。然后在教师的引导下，通过理论论证，对自己的预测进行评价、收敛。

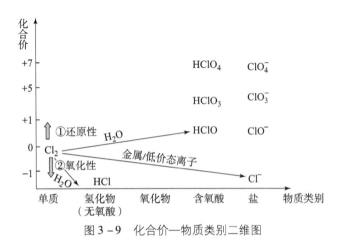

图 3 - 9　化合价—物质类别二维图

教学意图：引导学生利用二维图模型分析陌生反应，对陌生物质（氯气）的性质进行预测；以此为依据，解决问题，从而培养学生思维的系统性、严密性。

通过一个经验—系统预测（发散）—评价（收敛）的探究过程，将解决预测反应问题的思路外显，使学生学会用二维图模型解决问题，培养学生的学习理解能力、推论预测能力和探究能力。

3.3　环节三：验证氯气和水反应的产物

问题 1：设计验证氯气和水反应的产物。学生根据已有知识，设计实验验证 H^+、Cl^- 的存在。

问题 2：设计实验验证氯气和水反应生成次氯酸（HClO）。学生凭借直觉和生活经验，提出用漂白性或品红验证次氯酸的存在。

问题 3：系统研究次氯酸的化学性质。学生利用二维图（见图 3 - 10），系统预测次氯酸的化学性质，并利用其化学性质，提出次氯酸的检验方法。

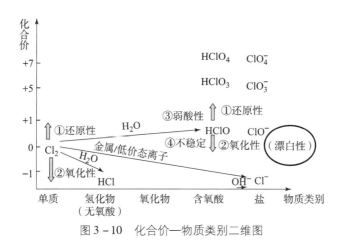

图 3 - 10　化合价—物质类别二维图

问题 4：评价提出的次氯酸检验的方法，从而选择最优方法。学生根据实际体系的情况，排干扰，选择次氯酸检验的方法，并完成实验。

教学意图：学生进一步利用二维图，预测次氯酸的化学性质，并将模型应用到实际体系中，指导次氯酸的检验，解决问题。再一次通过一个经验—系统预测（发散）—评价（收敛）的探究过程，将解决检验问题的思路外显，使学生学会用二维图模型解决问题。

结合环节二，完成一个完整的化学探究活动，使学生进一步体验、巩固化学中提出猜想—设计实验—实验验证—得出结论这一探究思路，并且注意到探究活动中的质疑与排干扰。

通过这一环节，培养学生的推论预测能力、实验设计能力、探究能力和创新思维。

3.4　环节四：设计适合家庭使用的消毒剂

问题1：哪些物质可以适合家庭使用的消毒剂？

学生从物质类别、化合价两个角度，在二维图（见图3-11）中找到适合家庭使用的消毒剂：次氯酸盐。

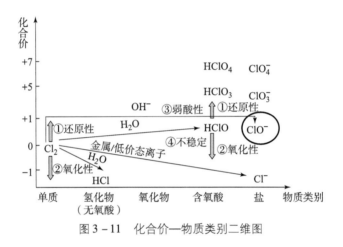

图3-11　化合价—物质类别二维图

问题2：如何用氯气制备这些消毒剂？

学生首先将制备问题还原为氯气到次氯酸盐的转化问题，然后利用认识模型，解决问题，实现转化。

教学意图：基于模型，解决制备问题，培养学生的推论预测能力和创新思维。

总结：结合板书，从认识/研究角度和探究方法两个方面，对本课程进行总结。学生通过总结，再次体会二维图模型思路，并将思路内化。

4. 教学反思

在本节课的教学过程中，我们将氯及其化合物的知识落到实处，学生将元素化合物的认识方法以及科学探究有机结合起来，使课堂更加高效。通过学生学案和后续硫、氮及其化合物的学习反馈，学生认识无机物的能力得到很好的发展。板书设计如图3-12所示。

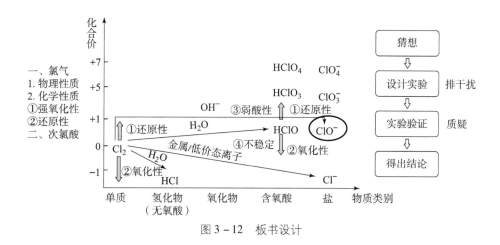

图 3 - 12 板书设计

在问题设计上，运用学科能力编码给每一个小问题做一个编号，设计的问题从低能力要求出发，螺旋而上，难度逐级增加，既符合逻辑，又有层次感，能够逐渐培养学生的学科意识与能力，符合学生的认知规律及能力发展。问题线索如图 3 - 13 所示。

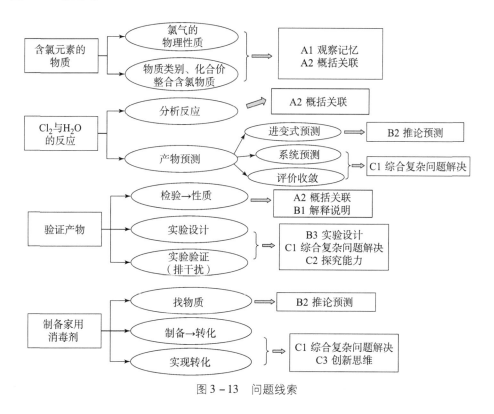

图 3 - 13 问题线索

【案例分析】

本案例是生态·智慧课堂在元素化合物部分的一次尝试。在生活场中，学生通过设计氯气报警器，解决制备家庭消毒剂的问题，发展宏观辨识与微观辨析、科学精神与社会责任等核心素养；在思维场中，学生通过探究氯气和水的反应，体会科学探究的一般流程，发展了高阶思维和智慧；在情感场中，学生从生活中发现问题，并且学会用科学方法，以合作的方式解决发现的问题，体会成功的喜悦及团队精神带来的动力，实现理性与感性的完美结合；在生命场中，学生增加了对客观世界的科学认识，在体验中生命得到成长。

参 考 文 献

[1] 熊永昌. 构建"卓越担当"课程探索"生态·智慧"课堂 [J]. 北京教育（普教版），2017（5）：12-14.

[2] 张俊华，王澜，王磊. 引导学生运用元素化合物认识模型解决实际问题的教学研究：以"菠菜补铁是真的吗"探究教学为例 [J]. 化学教育，2015，36（5）：22-25.

基于模型认知的高三元素化合物复习——以"硫及其化合物"为例

杨晶晶

摘要：在高三元素化合物专题复习中，创建化学生态·智慧课堂，以"硫及其化合物"的复习为例，设计不同层级的转化任务，促使学生主动应用"化合价—物质类别"二维认识模型解决转化问题，将模型内化为认识元素化合物的思路方法，从而实现化有"型"为无"形"。

1. 课程设计理论依据

生态·智慧课堂是北京一零一中学在坚守自我教育理念的前提下提出的创新性课堂教学，追求的是建构生命成长和智慧生成的场域——生命场、生活场、思维场、情感场。在这个体系指导下的课堂实践能够实现对学生核心素养、综合能力的全方位培养，也实现了教和学的和谐统一。

北京师范大学王磊教授提出由研究对象、认识角度、解决问题和任务类型四个维度组成的非金属及其化合物认识模型（见图 3 - 14）。基于该模型，学生从物质类别的角度，可以掌握物质的类别通性；从化合价的角度，能分析物质的氧化性和还原性。基于这两个视角去看物质的性质和物质之间的转化，学生的思维会更具有系统性。

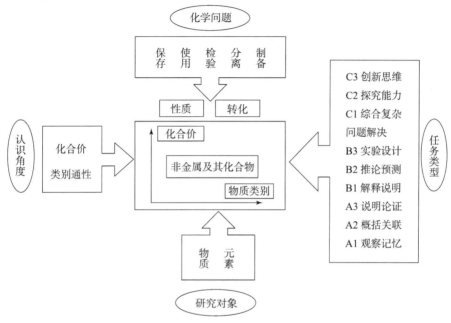

图 3 - 14　非金属及其化合物认识模型

　　在高一元素化合物的复习课中，引导学生建立过元素及其化合物的二维图。在备课之前的调查中发现，高一教学并未达到预期的效果，学生对二维图的理解还停留在形式和画法上，并没有真正体会二维图在分析物质性质及物质间转化时的用途，换句话说，学生并没有形成基于物类类别和化合价的角度解决元素化合物问题的思维。

　　因此，在高三元素化合物复习的教学中，以"硫及其化合物"为例，进行单元教学设计。第一课时注重认识角度的建立，引导学生自主发现，并应用认识角度解决相对简单的转化任务，形成分析元素化合物问题的一般思路。在设计学生任务时，主要关注学生的概括关联（A2）、说明论证（A3）、解释说明（B1）、推论预测（B2）和实验设计（B3）几项学科能力的培养。第二课时以"火电厂煤烟气的处理"为驱动性任务，促使学生主动从二维视角出发，调用具体知识进行分析，提升利用所学知识分析、解决问题的能力，学生在解决复杂问题中建立系统性思维。本教学设计是第一课时内容。

2. 教学背景分析

2.1 教学内容与素材选用

"硫及其化合物"是高考复习中"常见无机物及其应用"主题的重要组成部分。在一轮复习中要落实二氧化硫、硫酸等典型代表物质的性质，以及重要含硫物质的转化关系，形成分析元素化合物的二维视角，为后续以元素化合物为载体的概念原理的应用和分析奠定基础。

本设计分为"发现认识模型""内化认识模型"和"应用认识模型"三个主要环节。

"发现认识模型"环节选取的素材是学生课前总结的转化关系图和隐去坐标的二维图。旨在通过对比，引导学生自主寻找认识角度。

"内化认识模型"环节选取的教学素材是"硫及其化合物"的二维图，问题设计选取的素材是"SO_2转化为Na_2SO_3"和"SO_2转化为Na_2SO_4"。第一个素材凸显转化过程中物质类别的变化，建立第一个认识角度；第二个素材则兼具物质类别和化合价的变化，两个认识角度建立完成。

"应用认识模型"环节并不是本课程的重点，因此选取的是比较简单的素材——"工业制硫酸的物质转化路线设计"，目的是让学生应用上一环节形成的认识角度去解决相对简单的连续转化问题，为第二课时复杂问题的分析解决做铺垫。

介绍"我国硫酸工业"的目的是让学生体会国家的强大使人民生活更加幸福，感受到化学的发展为生产、生活和环境做出的贡献，同时也为第二课时"火电厂煤烟气的处理"埋下伏笔。

2.2 学情分析

在设计本课程之前，给学生布置了"总结硫及其化合物"的作业，对189份上交的作业进行分析后，发现学生对"硫及其化合物"的认识存在以下几种情况。

（1）典型代表物质的性质总结（32.8%）。

（2）有转化，没有认识角度（46%）。

（3）有二维认识角度，但局部混乱（18.6%）。

（4）有清晰的物质类别、化合价角度（2.6%）。

分析学生的总结发现，有少部分学生对"硫及其化合物"的认识还停留在典型代表物质的性质上，没有和其他含硫物质建立转化关系。其余的学生虽然有建立转化关系的意识，但是在建立转化关系时，一部分学生仅依据自己的知识储备，将熟知或见过的物质和转化关系尽可能多地呈现在图中，缺少角度和思路；另一部分学生意识到要关注化合价和物质类别，但是并没有形成清晰具体的认识角度，因此在局部仍然会被具体的物质牵制，出现混乱。只有 2.6% 的学生能明确地用二维图的形式清晰地呈现含硫化合物的转化关系。

3. 教学目标设计

（1）以"硫及其化合物"的转化关系为例，固化元素化合物的认识模型。

（2）通过完成二维图中的转化任务和工业制硫酸的物质转化路线设计，把具体知识与认识角度进行关联，形成系统梳理、解决元素化合物问题的基本思路。

（3）通过黄铁矿在沸腾炉中反应的产物预测，初步形成运用认识角度和类比思想对陌生氧化还原反应进行分析预测的方法。

（4）通过将元素化合物的认识模型内化为解决问题的思路和方法，增强学生的兴趣和信心。通过对"我国硫酸工业"的介绍，让学生体会到国家地位的提高给我们的生产生活带来的改变，增强民族自信心和自豪感，并认识到化学在提高生产水平和改善环境方面做出的重要贡献。

4. 教学设计过程

4.1　环节一：发现认识模型

教师活动：展示硫及其化合物的转化关系图（见图 3 - 15、图 3 - 16）。

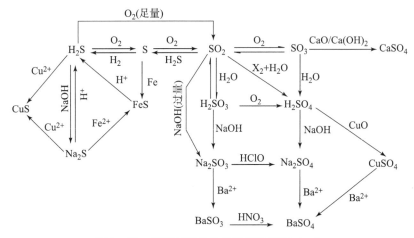

图 3 - 15　硫及其化合物的转化关系图（一）

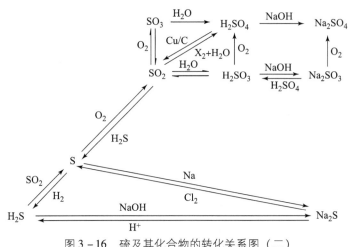

图 3 - 16 硫及其化合物的转化关系图（二）

任务一：评价转化关系图。

任务二：把硫及其化合物的转化关系图（二）放在一个坐标系中，标出每一种物质对应的横、纵坐标表示的含义。

设计意图：本环节的目的是引导学生自主发现两个认识角度，发展学生的概括关联（A2）能力。但从学生对转化关系图的评价来看，他们并没有主动应用认识角度的意识，对元素化合物的认识只停留在要总结得全面上。因此，设计补坐标的任务来进一步提示学生。教师在指导中发现，有的学生横坐标补的是对应物质的状态，完全没有认识的角度。

4.2 环节二：内化认识模型

任务三：SO_2如何转化成Na_2SO_3？

教师追问1：如何想到要用Na_2O？

教师追问2：酸性氧化物都有哪些通性？

设计意图：提出"SO_2如何转化成Na_2SO_3"这一问题的目的是让学生能关注到物质类别对实现转化的意义，着重发展学生的解释说明（B1）能力。在教学实施中，学生基于已有知识，很快答出转化试剂。教师追问选择试剂的原因，引发学生深入思考，从而发现类别转化是关键，同时也和支持性知识（物质的通性）建立关联。

任务四：SO_2如何转化成Na_2SO_4？为什么？

教师总结：回忆常见的氧化剂和还原剂。

教师追问：有没有一种物质既有氧化性又显碱性，可以一步实现这个转化？

板书设计如图 3-17 所示。

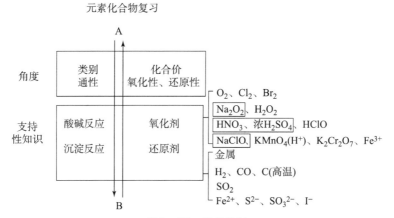

图 3-17　板书设计

设计意图："SO_2 如何转化成 Na_2SO_4" 比前一个转化任务更具挑战性，因其既有硫元素化合价的变化又有物质类别的变化，学生在寻找试剂时必须要同时关注两个角度。任务设计聚焦学生的解释说明（B1）和实验设计（B3）两种能力的发展。因为转化试剂有多种可能性，这个问题为教师和学生多角度深度对话提供了空间。在教学实施过程中也看到，学生在这个问题上表现得非常活跃，有很多不同的想法，通过与教师的对话，学生的思维得到提升，两个认识角度不断被强化，分析元素化合物的思路方法基本形成。这个部分也注重对支持性知识——常见氧化剂、还原剂的回顾，使学生在有思路的同时，能利用具体的反应来实现转化，避免出现"巧妇难为无米之炊"的尴尬。

4.3　环节三：应用认识模型

资料：工业上如何制硫酸？

硫酸是一种重要的工业原料，可用于制造肥料、药物、炸药、蓄电池等，也可广泛用于净化石油、金属冶炼及染料等工业中。工业上制硫酸的原料是自然界存在的含硫物质，如硫磺（S）、黄铁矿（主要成分 FeS_2）等。

任务五：请设计工业上制硫酸的物质转化路线，完成相关的反应方程式。

教师活动：介绍"我国的硫酸工业"（见图 3-18）。

设计意图：本环节是收尾环节，出于单元整体教学设计考虑，选取的真实转化任务难度不大，重点落在学生对设计思路的分析上，凸显两个认识角度的应用。任务设计聚焦学生实验设计（B3）能力的培养。在教学实施中看到，学生在解释的过程中能自主运用两个认识角度，说明前一环节认识角度的固化达到了效果。由于"硫酸工业"教材中已经不做介绍，学生对两条转化路线的评价与真实的情况不同，教师进行简要解释，既消除学生心中疑惑，又不冲淡本节主题。学生对黄铁矿比较陌生，但没有必要纠结 FeS_2 发生反应的方程式的书写，将其设计成产物的预测，既降低了难度，又让学生形成运用认识角度和类比思想分析氧化还原反应的方法，学生的推论预测（B2）能力得到发展。我国硫酸工业的介绍旨在增强学生的民族自豪感，认识到化学在改变环境方面做出的贡献，为第二课时"火电厂煤烟气的处理"做铺垫。

我国黄铁矿的探明资源储量居世界前列。
黄铁矿生产硫酸生产工艺路线复杂、环境污染严重、热能回收率低。

黄铁矿

硫磺制酸投资省、操作简单、污染小，资源利用率高。
中国硫磺制酸原料90%以上靠进口，随着国家地位的提高和国力的强盛，其进口量逐年增加。

硫磺

冶炼烟气制硫酸：利用冶炼铜、锌、铅、钴、镍等有色金属的过程中产生的含有 SO_2 的烟气生产硫酸。

图 3 – 18　我国的硫酸工业

5. 教学设计特色

（1）单元整体教学设计，形成研究物质的思路方法。

本教学设计没有拘泥于具体知识的复习，而是让学生形成研究元素化合物的思路和方法，将具体知识与问题解决建立关联。在两课时的整体教学设计中，第一课时是基础，重点落在元素化合物认识角度的建立和固化上，同时明确转化所需要的支持性知识，并要求学生落实教材中最基本的方程式。第二课时以"火电厂煤烟气的处理"为驱动性问题，引导学生应用第一课时建立的元素化合物的认识视角，综合考虑环境保护、资源利用等多种因素，完成转化任务，帮助学生形成解决复杂情境中的物质转化问题的一般思路和方法，提高学生解答高考中元素化合物与概念原理相结合的综合题的能力。

（2）将元素化合物认识模型内化为思路方法。

建立元素化合物的二维图是近年来元素化合物复习课中常用的方式。在高一进行元素化合物复习课的教学中带着学生画过二维图，但课前对学生的调查情况令人失望，很少有学生用二维图总结元素化合物。虽然要求学生画元素化合物的二维图，但他们只是学会了画二维图，对"为什么要画二维图？""二维图有什么用""二维图怎么用？"却没有更深刻的认识。因此，本教学设计通过基于二维图中物质转化的问题，使学生直接使用二维图，将这个模型内化为分析元素化合物的思路和角度。

（3）过程性评价贯穿课堂始终。

因为是高三年级的复习课，所以对于"内化认识模型"环节提出的两个主问题，即"SO_2如何转化成Na_2SO_3"和"SO_2如何转化成Na_2SO_4"，学生很容易想到答案。但是，学生大多是根据自己的知识记忆脱口而出，并没有什么分析思路。因此，要对学生进行追问，与学生进行深度对话，对学生的回答给予及时的评价，使学生逐步明晰自己思考问题的角度、思路，从而提高其学习化学学科的能力。

（4）学生的化学核心素养得到提升。

学生通过完成基于二维图的转化任务，将这一认识模型内化为解决与元素化合物相关问题的思路和方法，"模型认知"的核心素养得到提升，"变化的观念"是具有化学学科特质的核心素养，学生在完成物质转化任务的过程中，这一素养得到了很好的提升。

6. 教学反思

第一课时基础性较强，注重基础知识的落实和基本思路方法的建立，适合大多数学生。第二课时侧重复杂情境综合问题的解决，适合基础扎实、掌握程度较好的学生。鉴于两课时的不同目标层次，本课程的重点为元素化合物认识角度的形成和固化，同时明确转化所需的支持性知识，并要求学生落实教材中最基本的方程式。

在本课程之前的调查中，大多数学生头脑中关于元素化合物的知识还是零散的，没有角度，即使有些学生能回忆起高一时的二维图，但他们不知道两个角度有什么作用，于是出现了"有角度不用"和"有角度不会用"的问题。要解决这些问题，应帮助学生建立角度与知识的关联，让学生学会用、主动用认识角度去分析转化问题。在第二课时的复杂任务解决中，学生在提出"除去煤烟气中的SO_2"的方案时，基本能从SO_2的类别和硫元素的化合价两个角度进行设计，说明学生已经形成了主动应用认识角度去分析转化问题的意识和能力。在两课时后的访谈中，有些学生也提到："以前学习元素化合物的知识就靠死记硬背，特别多，感觉总是记不住。通过这两课时，我们知道可以利用二维图，从化合价和物质类别两个角度去梳理性质，不容易乱……""这两个角度对陌生物质的性质预测特别有帮助……"

该教学方法存在一些不足之处，需要在今后的教学中加以改进。

追问是实现问题设计意图的最佳方式之一。在本课程的实施过程中，要利用追问使学生的思维过程外显，分析思路逐渐清晰。特别是在实现 SO_2 到 Na_2SO_4 的转化时，设计路线具有多种可能性，追问学生每一条思路的设计原因，对他们形成分析思路非常有帮助。但是出于对教学时间的考虑，追问得不够深入，教师可以在后续的实践中调整各个环节的教学时间，与学生进行深度对话。

在评价两种不同的设计路线时，为了不冲淡主题，可以简单告诉学生工业上利用路线 1 进行生产，这样可以得到更高浓度的硫酸。但其实这种说法不能消除学生关于 SO_2 生成 SO_3 的反应可逆，SO_2 不能完全转化的困惑。硫酸型酸雨形成时，SO_2 恰恰是通过路线 2 变成硫酸的。因此有必要对这两条设计路线进行对比分析，从不同的反应环境、不同的反应目的来对比为什么工业生产选择路线 1，而自然界中倾向于选择路线 2。这对学生解决工业流程题中反应路线和条件的选择，以及解释型的题目非常有帮助，因此在后续教学中可以适当展开相关教学。

【案例分析】

本案例是生态·智慧课堂在高三元素化合物复习课中的一次尝试。在生活场中，通过硫酸厂的生产路线设计和我国硫酸工业的发展介绍，学生体会到化学在生产、生活中的应用，以及对改善环境、造福人类的重要作用。在思维场中，学生从利用元素化合物的"价—类二维"转化关系，完成从简单到复杂的转化任务，复习了重要元素化合物的知识，更重要的是体会到"价—类二维"认识模型对认识元素化合物性质的重要作用，在解决问题的过程中将外显的模型内化为认识思路。在情感场中，学生体会到认识模型在解决问题时的重要作用，进一步掌握化学学科的思路方法，增加学习化学的信心，体会自己解决问题的喜悦。在生命场中，学生增加了对客观事物的规律性认识，体会到学科思路方法的重要意义。

■ 第 2 节　化学反应原理

可燃冰资源的开发和利用

汪美荣，康永明

摘要：本案例以发展学生核心素养为出发点，以"可燃冰资源的开发和利用"为例打造真实课堂，在四个场中，以真实素材为背景，以解决真实问题为目的，设置有效驱动性问题[1]的教学方式进行模型建构，从主题的确立到具体教学内容的呈现，充分体现了在教学过程中发展学生核心素养的重要性。本案例以化学反应速率和反应限度等化学反应原理为载体，发展学生对化学反应的认识，培养变化观念与平衡思想这一核心素养，促进智慧的生成。

关键词：高中化学；核心素养；可燃冰（主要成分为甲烷）；生态・智慧课堂

1. 单元学习主题

本案例是化学反应速率与限度的复习课，是化学反应原理模块的核心内容之一。对于化学反应的方向、速率和限度这一内容，《普通高中化学课程标准（2017 年版）》中指出，要求学生认识化学反应速率和化学平衡的综合调控在生产、生活和科学研究领域中的重要作用。在学业水平方面，新课标提出，学生需要能运用浓度、压强、温度对化学反应速率和化学平衡的影响规律，推测平衡移动方向及浓度、转化率等相关物理量的变化，能讨论化学反应条件的选择和优化；针对典型案例，能从限度、速率等角度对化学反应和化工生产条件进行综合分析。化学学科核心素养之一的变化观念和平衡思想是实验探究与创新意识的化学视角，也是证据推理与模型认知的化学特质。化学反应速率和化学平衡是中学化学的重要理论之一，是变化观念和平衡思想这一核心素养的主要载体，也是后续学习水溶液中的离子平衡的基础，对后期的学习起着重要的指导作用。

2. 学习内容分析

化学学科的研究对象是化学反应，研究化学反应主要是利用其物质变化和能量变化。我们通过控制反应条件，调控反应的方向、限度和速率，从而更好地利用其物质变化和能量变化。因此，对化学反应应用方面的认识角度包括物质变化和能量变化，而调控化学反应方面的认识角度包括反应方向、反应限度及反应速率。

在资源开发利用方面，化学的视角首先要考虑资源中所含有的化学物质，根据物质的化学性质来考虑资源的用途，设计并选择反应，进而设计工艺流程。可燃冰资源的开发利用有利于学生认识化学科学发展对自然资源利用的作用，以及化学对资源综合利用的作用和可能途径，形成自然资源综合利用的观念。本案例中可燃冰资源的开发与利用案例涉及化工生产中的可逆反应，可以通过选择浓度、压强、温度、催化剂等条件对反应进行调控，能够承载反应的方向、限度和速率等知识，与新课标的要求吻合。该案例可以采取项目式学习方式来展开，在课堂上模拟建立工厂场景，学生扮演工程师角色，利用元素观、原子经济性、反应方向等理论设计并优化可燃冰的转化方案，再以反应速率、反应限度等角度综合分析可燃冰的转化条件，完善工艺流程。将真实素材引入课堂教学中，并利用课堂教学解决实际问题，让学生切身感受化学与自然环境、生活环境的密切联系，以及学习化学的意义，发展学生变化观念与平衡思想、科学精神与社会责任、证据推理与模型认知等素养。

3. 学生情况分析

在本节复习课之前，学生已经学习了化学反应速率、化学平衡及化学反应进行的方向，可以通过计算来判断化学反应进行的方向，知道影响化学反应速率及平衡移动的各个因素，并会使用勒夏特列原理及平衡常数 K、浓度商 Q 关系解决平衡移动问题。学生也具备了元素守恒、原子经济性等化学观念。但对于化学反应，学生的认识仍停留在反应物、生成物及反应条件上，缺乏系统分析并利用化学反应的思路方法，还不能系统地对化学反应进行调控。

4. 学习目标分析

本案例旨在培养学生证据推理与模型认知、变化观念与平衡思想、科学精神与社会责任等方面的核心素养。其中，证据推理与模型认知是学生思维的核心，变化观念与平衡思想是化学学科的本质特征，科学精神与社会责任是学生应树立的价值立场。

对于化学反应的方向、限度和速率这一主题，新课标中也提出了相应的学业质量标准：能根据反应速率理论和化学平衡原理，说明影响化学反应速率和化学平衡的因素（水平3）；能结合生产和生活实际问题情境说明化学变化中能量转化、调控反应条件等重要应用（水平3）；能从调控反应速率、提高反应转化率等方面综合分析反应的条件，提出有效控制反应条件的措施（水平4）；能依据化学变化中能量转化的原理，提出利用化学变化实现能量储存和释放的有实用价值的建议（水平 4）。

本案例根据学业质量标准提出了相应的学习目标。

（1）通过可燃冰的开发利用，关注化学反应过程中的反应方向、反应速率及反应限度；能够灵活运用温度、浓度、压强及催化剂等来调控反应；从多角度认识反应的模型，利用文献数据推论资源转化过程中的最优路径及最佳反应条件。

（2）用化学视角分析和解决资源利用问题，知道资源利用的化学实质是从资源到产品的物质转化，以元素观、原子经济性、反应方向、反应速率、反应限度、物质分离、循环利用、绿色环保、经济等角度对生产工艺进行论证和优化，构建资源开发利用的认识模型。

（3）通过资源的综合利用，从正面视角认识化学，传播正能量，培养学生的原子经济理念，提高学生的环境保护意识；关注化学变化中的优缺点，权衡利弊，变废为宝；认识合理开发资源的重要性。

5. 持续性评价

持续性评价如表 3 – 3 所示。

表 3 – 3　持续性评价

任务		评价标准
单元总体	设计合理方案，实现可燃冰转化	通过课堂交流，设计可燃冰的转化方案，重点突出依据元素观、原子经济性等理论选取反应物的方案，诊断并发展学生设计化学反应的水平；优化可燃冰的转化方案，明确化学反应，诊断和发展学生对化学反应的认识水平
	设计合理方案，提高可燃冰转化的效率	通过课堂交流讨论，从反应速率、反应限度等角度思考可燃冰的转化方案，诊断并发展学生对调控化学反应的认识水平；通过课堂交流讨论，从文献或图表中提取有效信息，对可燃冰转化方案进行优化，诊断并发展学生的数据整合能力与推理水平
	设计可燃冰转化的工艺流程图	通过可燃冰转化工艺流程图的制作和优化，诊断并发展学生对化学价值的认识水平
	梳理资源开发利用的一般思路方法	通过梳理资源开发利用的一般思路方法，构建认识方式模型，诊断并发展学生解决问题的能力和化学价值认识水平

6. 单元学习计划

本单元教学共包括两个课时，每课时的内容主题如下。

第一课时：以可燃冰制备合成气（CO 和 H_2）为素材，设计并选择可燃冰转化方案。

第二课时：以合成气制备甲醇为素材，讨论影响反应速率和化学平衡移动的因素，从多角度对化工生产条件进行综合分析，设计并优化可燃冰转化的工艺流程。

7. 学习环境创设

本案例在课堂上模拟建立工厂场景，学生扮演工程师角色，以小组为单位进行讨论，利用海报纸设计工艺流程图，并进行汇报展示。

8. 学习活动设计

第一课时的教学片段如表 3－4 所示。

表 3－4　第一课时的教学片段

教师活动	学生活动
环节：设计并选择可燃冰制备合成气的反应	
【创设情境】播放视频"可燃冰的开发"。 【问题1】假设同学们是工程师，我们想建立一个以可燃冰为原料的工厂，如何利用可燃冰中的甲烷？ 【问题2】甲烷比较稳定，直接转化为化工产品比较困难，一般先转化成 CO 和 H_2，如何把甲烷转化为 CO 和 H_2？请你寻找合适的反应物来实现转化。 【问题3】请你进一步缩小反应物的范围，你会留下哪些反应物？ 【问题4】甲烷与 CO_2、H_2O 和 O_2 反应发生的可能性如何？你需要什么样的数据支持？你的依据是什么	活动1：学生交流、讨论，得出结论，即利用可燃冰中的甲烷可以实现物质转化和能量转化； 活动2：可以选择 CO_2、O_3、O_2、H_2O、H_2O_2、CaO 等物质； 活动3：会留下二氧化碳、水和氧气，因为这些物质比较容易得到； 活动4：需要给出 ΔH 和 ΔS，计算 ΔG，判断甲烷与 CO_2、H_2O 和 O_2 反应发生的可能性
设计意图： （1）帮助学生形成利用物质的思路，例如，在设计陌生反应遇到问题时，应该从哪些角度去思考与解决。 （2）落实化学反应的元素观、原子经济性、原料来源、反应方向等认识角度。 （3）通过追问式的教学方式，促使学生思考，提升学生解决问题的思维能力，让学生形成资源开发利用的一般思路，为构建认识模型做铺垫	

第二课时的教学环节如表 3－5 所示。

表 3 - 5　第二课时的教学环节

教师活动	学生活动
环节一：设计甲醇的合成条件	
教师活动 1： 【介绍】通过短片介绍甲醇的来源与用途，明确 $CO + 2H_2 \rightleftharpoons CH_3OH$，给出 ΔH 和 ΔS，计算 ΔG。 【任务】请设计一个方案，尽可能提高 CH_3OH 的生产效率，并说出你的依据。 【问题】如果你是工程师，你会从哪些方面来思考呢？ 【总结】反应调控方面的角度：反应方向、反应速率、反应限度；对反应条件的选择要用辩证的思维进行判断	学生活动 1： （1）设计具体提高 CH_3OH 生产效率的方案； （2）分析设计方案背后的思考； （3）归纳对化学反应调控的认识角度
设计意图： （1）让学生构建从反应调控方面认识化学反应的角度：反应方向、反应速率、反应限度。 （2）培养学生利用勒夏特列原理及平衡常数 K、浓度商 Q 关系解决实际问题，灵活运用温度、浓度、压强及催化剂等来调控反应的能力。 （3）发展学生对生产实际综合分析的视角：从速率、平衡、经济等多角度综合分析反应条件	
环节二：选择最佳合成条件	
教师活动 2： 【任务】请根据图表等相关信息，选择合适条件对 $CO + 2H_2 \rightleftharpoons CH_3OH$ 的反应工艺进行优化，并说明理由。 【活动】以小组为单位，在海报纸上模拟建立工厂场景，选择合适的反应条件，贴到相应位置，并汇报成果。 【对话】与学生以对话的方式讨论选择具体条件的依据。 【资料】给出国际大公司选择的具体条件。 【活动】分析解释各个公司选择条件的依据	学生活动 2： （1）以小组为单位，选择合适的温度、压强、催化剂、投料比等卡片贴到海报纸相应的位置，并将作品进行展示； （2）分析作品设计背后的思考； （3）分析解释各个公司选择条件背后的思考
设计意图： （1）期望学生从反应速率和化学平衡移动两个角度来选择反应条件，当选择的条件对反应速率和化学平衡移动所起的作用相反时，还需要综合考虑，对反应条件进行系统评估，培养变化观念与平衡思想这一核心素养。例如，提高温度可以提高反应速率，但会降低反应的转化率。这时学生需要根据图表中的数据进行分析与判断，最终根据催化剂的活性来选择温度。 （2）帮助学生从多角度分析化工生产中的条件，权衡利弊，提高生产效率。利用文献数据推论资源转化过程中的最佳反应条件，并能够对选择的条件进行分析解释；培养证据推理与模型认知这一核心素养	

教师活动	学生活动
环节三：设计工艺流程	
教师活动3： 【任务】以可燃冰为原料，合成甲醇，请画出工艺流程图。 【活动】以小组为单位，绘制工艺流程图，并进行汇报展示	学生活动3： （1）以小组为单位，设计具体的以可燃冰为原料合成甲醇的工艺流程，考虑投料比、温度、压强、催化剂、产物分离、循环利用等问题； （2）在海报纸上绘制工艺流程图； （3）以小组为单位，汇报并展示作品
设计意图： 学生通过设计工艺流程图，能够从反应速率、反应限度、产物分离、循环利用、绿色环保、经济等角度对生产工艺进行论证，形成设计工艺流程的认识角度	
环节四：优化工艺流程	
教师活动4： 【问题1】在可燃冰合成甲醇的流程图中，在能量方面，你有哪些新的思考？ 【问题2】$CO + 2H_2 \rightleftharpoons CH_3OH$ 的最佳投料比为 $CO/H_2 = 1:2$，而 $CH_4 + CO_2 \rightleftharpoons 2CO + 2H_2$ 产生的 $CO/H_2 = 1:1$，你还有别的方案来解决这个问题吗？ 【活动】以小组为单位，继续修改工艺流程图，并进行展示汇报。 【介绍】由于 $CH_4 + CO_2 \rightleftharpoons 2CO + 2H_2$ 是一个强吸热反应，可以考虑将其变为储能装置，将新能源（如太阳能）转化为化学能；同时 $CO + 2H_2 \rightleftharpoons CH_3OH$ 放出的热量可以循环利用；在投料比方面，可以将 $CH_4 + CO_2 \rightleftharpoons 2CO + 2H_2$ 与 $CH_4 + H_2O \rightleftharpoons CO + 3H_2$ 联合使用，从而实现 $CO/H_2 = 1:2$	学生活动4： （1）修改工艺流程； （2）以小组为单位，汇报并展示作品
设计意图： （1）引导学生发散思维，多方面思考工业生产问题，并能够创造性地提出一些修改意见。例如，$CH_4 + CO_2 \rightleftharpoons 2CO + 2H_2$ 是一个强吸热反应，需要消耗大量能量，可以引导学生考虑变废为宝，利用其他能量（如太阳能）来供能，将这种强吸热反应转变为储能装置。 （2）固化从应用方面认识化学反应的两个角度：物质转化和能量转化。 （3）培养学生的创新意识、社会责任等核心素养	

续表

教师活动	学生活动
环节五：梳理资源综合利用的一般思路方法	
教师活动5： 【问题】从化学角度解决资源综合利用问题的思路是什么？ 【总结】从应用方面认识化学反应的两个角度：物质转化和能量转化； 　从反应调控方面认识化学反应的角度：设计并选择反应和设计工艺流程； 　设计并选择反应的认识角度：元素守恒、原子经济性、原料来源、反应方向； 　设计工艺流程的认识角度：反应速率、反应限度、绿色环保、经济、循环利用	学生活动5： （1）思考资源综合利用的角度； （2）构建资源综合利用的认识模型，完善认识角度
设计意图： （1）固化资源综合利用的一般思路方法，培养证据推理与模型认知这一核心素养。 （2）培养学生的科学家思维	

9. 单元作业设计

通过课后作业评价并判断学生在思路方法、认识角度等方面的落实情况，具体问题如下。

问题1：煤炭综合利用后，可产生焦炭、煤气、氨等物质，如果想对这些物质进行开发利用，请说出你的开发思路。

本题主要评价学生在资源综合利用的思路方法方面是否达成教学目标，判断学生能否全面地描述资源综合利用的方法，并进一步巩固认识角度和认识思路。

问题2：在合成氨中，将生成的氨及时从反应后的气体中分离出来，运用化学平衡的知识分析这样做是否有利于氨的合成，并说明理由。

本题主要评价学生基础知识的掌握情况，判断其能否利用影响化学平衡的因素分析并解决化学平衡移动的问题。

问题3：工业上可通过甲醇羰基化法制备甲酸甲酯，其反应的热化学方程式为

$$CH_3OH(g) + CO(g) \Longleftrightarrow HCOOCH_3(g) \quad \Delta H = -29.1 \text{ kJ/mol}$$

科研人员对该反应进行了研究，部分研究结果如图3-19所示。

从反应压强对甲醇转化率的影响"效率"看，工业制备甲酸甲酯应选择的

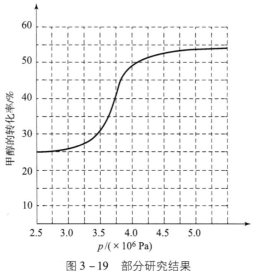

图 3 - 19　部分研究结果

压强是_____（填 3.5×10^6 Pa、4.0×10^6 Pa 或 5.0×10^6 Pa）。

本题主要评价学生从多角度对化工生产条件进行综合分析的能力，判断学生能否结合生产实际综合分析，选择最佳条件。

问题 4：工业上可通过甲醇羰基化法制备甲酸甲酯，其反应的热化学方程式为

$$CH_3OH(g) + CO(g) \Longrightarrow HCOOCH_3(g) \quad \Delta H = -29.1 \text{ kJ/mol}$$

科研人员对该反应进行了研究，部分研究结果如图 3 - 20 所示。

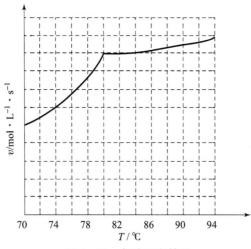

图 3 - 20　部分研究结果

实际工业生产中采用的温度是 80 ℃，其理由是＿＿＿＿＿＿＿＿＿＿。

本题主要评价学生从多角度分析化学反应的能力，判断学生对于化学反应的认识角度是否完整，探查变化观念和平衡思想这一核心素养是否落实。

10. 单元教学反思

（1）深入挖掘文献资料中的情境素材。

创设教学情境的目的是针对教学内容给学生一个贴近实际的学习情境，帮助学生有效地理解和应用已有知识，更多地从化学视角认识周围世界，从而形成新的认识，真实情境素材可以更好地激发学生的学习兴趣。

在选择情境素材的过程中，要考虑该素材能否承载反应的方向、限度和速率等知识，以及该素材在教学过程中能否帮助学生形成认识和调控反应的思路。

在素材转化的过程中，主要考虑如何组织学生活动。例如，由甲烷制备合成气有三条途径：水蒸气重整法、甲烷部分氧化法和二氧化碳重整法[2-4]。这些文献资料主要用于第一课时设计并选择甲烷转化的反应物，让学生来讨论，明确思路方法。由合成气制备甲醇的最佳工艺条件：温度为 500~530 K，压强为 5~10 MPa，以 $CuO/ZnO/Al_2O_3$ 为催化剂。这些文献资料主要用于第二课时反应条件的选择中，将文献资料转变为图表信息，供学生分析与选择。

（2）利用驱动性任务贯穿课堂。

以驱动性任务为载体展开教学，可以快速将学生带入任务情境。设置不同任务类型的驱动性任务，可以培养学生解决各种实际问题的能力，也可以探查学生在任务过程中的能力表现。以驱动性任务为载体的各个教学环节，也可以很好地体现相应的核心素养，把化学核心素养落到实处。

本案例第一课时以可燃冰制备合成气为素材，主要围绕设计并选择反应来展开，以分析解释型任务、推论预测型任务、简单设计型任务为主要任务。第二课时以合成气制备甲醇为素材，以设计工艺流程为载体来展开，优化生产方案，以分析解释型任务、简单设计型任务、复杂问题解决型任务、创新思维型任务为主要任务。

完成这些驱动性任务的主体是学生，学生需要在完成任务的过程中思考、交流、小组合作、作品展示等，突出了课堂教学中学生的主体地位。每个学习任务包括 2~3 个学习活动，学习活动的设计指向学生的能力进阶，即核心素养的表现水平进阶，学生在完成任务、经历活动的过程中实现核心素养的发展。

（3）利用模型构建外显思路方法。

基于模型认知的教学是将认识模型中的认识角度、认识思路和推理路径外显，培养学生在解决陌生化学问题时主动运用认识角度进行有效推理和论证的能力。认识模型具有较强的概括性和广泛的普遍性，包括如何认识、认识角度、思维方式、解题思路。基于认识模型，能帮助学生形成研究和认识化学反应的角度和方法，从而使学习过程更有指导性，学习结果更有功能性[5]。

本案例教学设计以资源的开发利用为载体，以化学反应速率、化学反应平衡、化学反应方向为知识落脚点，以科学家思维为学生认识发展点，探讨资源开发过程背后的化学思考，让学生形成资源开发利用的一般思路。通过教学构建的认识模型如图3-21所示。

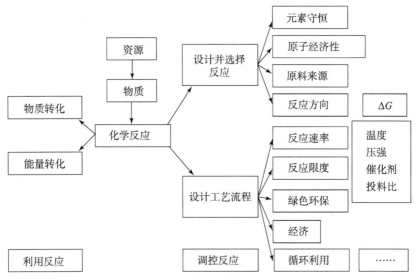

图3-21 通过教学构建的认识模型

【案例分析】

本案例是生态·智慧课堂在化学反应原理的化学反应速率与平衡部分的一次尝试。在生活场中，学生以工程师的身份进行可燃冰资源的开发和利用；在思维场中，学生亲身经历设计并选择可燃冰转化方案、讨论影响反应速率和平衡移动的因素、多角度对化工生产条件进行综合分析、设计并优化可燃冰转化的工艺流程等过程，自主构建复杂反应体系中化学反应速率与平衡的基本认识模型，形成资源开发的高阶思维，形成智慧；在情感场中，学生深刻体会学习化学反应原理对人类社会发展的重要性；在生命场中，学生增加了对物质世界更加客观本质的认识，促进生命的健康成长。

参 考 文 献

［1］沈白宗. 促进学生认识发展从设置有效的驱动性问题开始［J］.教学研究，
2017（5）：33 - 34.

［2］万子岸，高飞，周华群，等. 甲烷水蒸气重整反应制氢催化剂的研究进展
［J］.现代化工，2016（5）：53 - 57.

［3］郑芳芳，李倩，张宏，等. 抗烧结 Rh - Sm$_2$O$_3$/SiO$_2$ 催化剂的制备和表征及
其甲烷部分氧化制合成气性能［J］.物理化学学报，2017（8）：201 - 210.

［4］李林，闪洁，杨桢，等. 催化剂 Ni - CeO$_2$ 的制备及其在甲烷二氧化碳重整
反应中的催化性能［J］.中央民族大学学报，2018（4）：5 - 10.

［5］王磊，姜言霞，支瑶，等. 促进学生认识发展的"化学反应原理"绪言课教
学研究：基于化学反应认识模型建构［J］.化学教育，2012（11）：12 - 20.

基于项目式学习的水溶液中的离子平衡专题复习
——以"人体代谢性酸中毒治疗方案的设计"为例

牛彩霞，邹映波

摘要：以"人体代谢性酸中毒治疗方案的设计"为项目创建化学生态·智慧课堂，进行专题复习，在生活场、思维场、情感场和生命场四个场域中，学生通过真实的体验，在复习梳理基础知识的同时，自主构建复杂溶液体系中离子平衡及反应的基本认识模型，并将其应用于透析液配制中异常现象的分析与解决上，学生的高阶思维得到培养。

关键词：项目式学习；人体酸碱平衡；离子平衡；专题复习

1. 项目设计思路

项目式学习是指在课程标准指导下，学生以小组合作的方式，在真实情境中通过问题驱动进行探究，解决实际问题，并展示分享研究成果[1]。其中，成果形式包括一个产品、一份报告或实验的设计和发展过程等。它帮助学生获得学科知识的核心概念和原理，发展学科核心素养和能力，助力学生科学精神和人文精神的养成[2]。项目式学习流程分为选定项目、拆解项目、活动探究、交流成果和评价反思五个环节，如图 3 - 22 所示，内环中由直线划分的五个区域中的内容为学生在相应的各个阶段开展的活动，外环各方框中的内容是教师在对应各个阶段从

事的各项活动，教师在整个教学活动中起着指导者、帮助者、监督者、资源提供者和合作者的作用[3]。

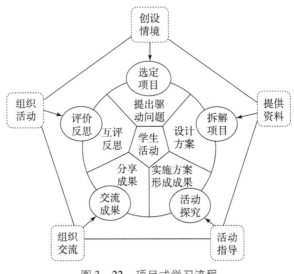

图 3 - 22　项目式学习流程

　　化学反应原理帮助学生建立认识世界的角度，揭示化学本质，发展化学学科核心素养。其中，水溶液中的离子平衡及反应主题是化学平衡理论的延续，在化学反应原理模块中占有非常重要的地位[4]。通过前面的学习，学生已掌握了本章的相关知识，但尚未形成系统的多平衡体系分析思路，分析与解决复杂实际问题的能力有待提高。

　　"人体酸碱平衡"是水溶液中的离子平衡及反应的一个应用实例。人体有一整套调节酸碱平衡的机制，使血液 pH 值恒定在 7.35~7.45，若体内血液和组织中酸性物质堆积，则会导致血液中 HCO_3^- 与 H_2CO_3 浓度及其比值的变化超出正常范围，引起酸碱平衡紊乱，如酸中毒。此时，治疗方案仍需利用化学反应原理相关知识去设计。从知识层面，HCO_3^- 自身存在电离和水解两个平衡，此外在一定浓度时还能与 Ca^{2+} 相互作用产生沉淀，对水溶液中的离子平衡（电离平衡、水解平衡、沉淀溶解平衡）进行很好的整合。从实际应用层面，HCO_3^- 参与维持人体血液的 pH 值，与 Ca^{2+} 的相互作用直接影响透析液的配制和使用。因此，本案例具有丰富的教学价值（见图 3 - 23）。学生以此为项目，以项目式学习的五个环节展开活动。以"为病人分析酸中毒原因、设计治疗方案、配制透析液、优化配制方案"为活动主线，把"水溶液中的离子平衡与反应的基础知识和基本分析思路"贯穿于整个项目的完成过程中，学生的微粒观、平衡观和守恒观的化学思想得到进一步应用和发展，模型认知、证据推理、变化观念、平衡思想等核心素养得到落实。

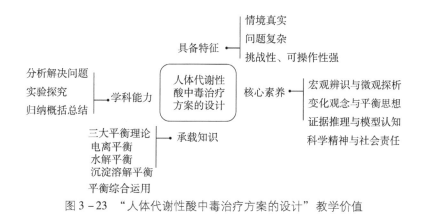

图 3 – 23　"人体代谢性酸中毒治疗方案的设计"教学价值

2. 项目学习目标

（1）能利用"水溶液中的离子平衡"专题基础知识，结合微粒观、平衡观和守恒观思想，解释缓冲溶液缓冲失效的原因，并应用于人体代谢性酸中毒的原因分析，自主构建水溶液中的离子平衡问题的分析思路和模型。

（2）能应用构建的思路和模型分析透析液配制过程中出现异常现象（出现沉淀、气泡）的原因，进一步提出合理解决方案。

（3）梳理知识体系，形成解决实际问题的科学思维，体会化学知识在实际生活中的重要性。

（4）学生的思维能力得到培养，模型认知、证据推理、变化观念、平衡思想核心素养得到落实和发展[5]。

3. 项目实施过程

3.1　选定项目

创设情境：播放视频（该视频由本班学生提前录制的），视频内容为病人不舒服，到医院就诊，医生开出化验单。经检查后，血气分析报告结果显示其代谢性酸中毒。

驱动性问题：如果你是一名医生，你会怎么做？

学生：选定项目"人体代谢性酸中毒治疗方案的设计"。

设计意图：采用角色扮演的方式，提出相关驱动性问题，引导学生主动选定研究项目"人体代谢性酸中毒治疗方案的设计",激发学生兴趣,使学生初步体会化学在人体健康方面的应用价值。

3.2 拆解项目

学生:依据驱动性问题,主动对研究项目进行拆解,确定子项目——1 病因诊断,确定人体酸中毒的原因;2 对症下药,设计治疗方案。

教师:提供以下资料。

(1) 正常人体血液中各物质的浓度。

(2) 透析液及透析原理介绍。

学生:分组活动,结合资料,利用水溶液中的离子平衡及反应的基础知识,确立完成该项目的整体方案,并规划方案完成的流程。

教师:组织学生分组完成规划方案的汇报,对方案进行讨论优化,确立最终方案(见图 3 - 24)。

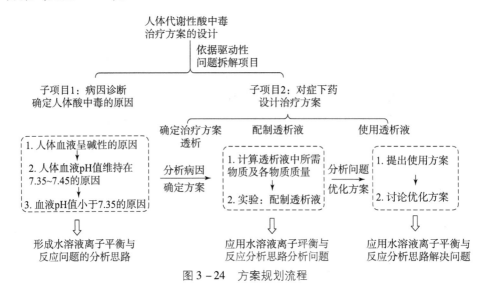

图 3 - 24   方案规划流程

3.3 活动探究

3.3.1 病因诊断,确定人体酸中毒的原因

学生:依据病人血气分析部分检查结果(见表 3 - 6),逐步分析正常人体血液呈碱性、pH 稳定在 7.35 ~ 7.45 及病人酸中毒时血液 pH 值小于 7.35 的原因。

表 3 – 6 病人血气分析部分检查结果

项目名称	结果浓度	参考范围
CO_2 分压/mmHg①	50	35 ~ 45
HCO_3^- 浓度/(mmol·L^{-1})	19	23.3 ~ 24.8
血液酸碱度（pH 值）	7.21	7.35 ~ 7.45

教师：观察和倾听，在学生需要时提供必要的支持。

学生：构建分析思路，从关注单一粒子的单一行为（HCO_3^- 的水解），到关注多粒子间行为的相互作用（HCO_3^- 的水解和 H_2CO_3 的电离相互作用），最后关注相互作用的程度。当 H^+ 过多时，溶液中的 OH^- 不能充分结合 H^+，使溶液中 $c(H^+)$ 增大，$c(CO_2)$ 也增大，使溶液酸性增强（见图 3 – 25）。

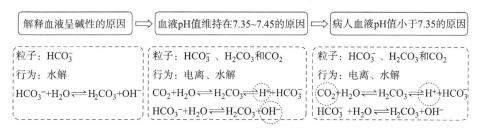

图 3 – 25 人体酸中毒原因分析思路

教师：引导学生总结水溶液中的离子平衡及反应的分析思路（见图 3 – 26）。

学生：根据上述分析过程，提炼总结思路方法。

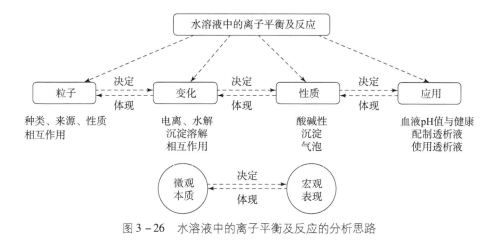

图 3 – 26 水溶液中的离子平衡及反应的分析思路

———————

① 1 mmHg = 133.32 Pa。

设计意图：通过分析人体酸中毒的原因，学生从只能孤立分析单一粒子 HCO_3^- 的水解行为，到最后能够关注多粒子之间的相互作用（H_2CO_3 电离及 HCO_3^- 水解）和作用程度大小，自主形成水溶液中的离子平衡及反应的分析思路，为后续实际问题的分析和解决奠定基础。

3.3.2 对症下药，设计治疗方案

（1）确定治疗方案。

学生：结合资料和病人病情讨论交流，确定对病人采用透析的方式进行治疗，并确定下一步任务为配制透析液。

（2）配制透析液。

教师：发布任务，模拟 100 mL 5 倍血液浓度透析液的配制。

学生：小组活动，依据人体血液中主要无机离子浓度（见表 3-7），根据电荷守恒的思想，筛选出配制透析液所需的溶质——NaCl、KCl、$CaCl_2$ 和 $NaHCO_3$，计算各物质的质量，并制定实验方案。

表 3-7　人体血液中主要无机离子浓度（单位：mmol/L）

离子	Na^+	K^+	Ca^+	Cl^-	HCO_3^-
浓度	134.0	2.0	1.5	109.0	30.0

教师：组织学生汇报实验方案，并对方案进行讨论、优化，确立最终方案（见表 3-8）。

表 3-8　透析液配制方案

实验步骤	实验内容
1	计算：100 mL 5 倍血液成分透析液中需 NaCl、KCl、$CaCl_2$ 和 $NaHCO_3$ 的质量分别为 3.04 g、0.07 g、0.08 g、1.26 g
2	称量：分别称取合适质量的 NaCl、KCl、$CaCl_2$ 和 $NaHCO_3$ 固体于烧杯中
3	溶解：向烧杯中加水，用玻璃棒搅拌，加速溶解
4	移液和定容：将混合溶液及洗涤液倒入 100 mL 容量瓶中，定容，摇匀

学生：小组活动，完成实验。在此过程中，发现溶液配制过程中产生了白色沉淀和气体。

学生：分析异常现象，根据实验中所用原料，认为白色沉淀可能是 $Ca(HCO_3)_2$、$CaCl_2$、$NaHCO_3$ 和 $CaCO_3$，气体是 CO_2，需要教师提供室温下各物质的溶解度。

教师：提供室温时以上四种物质的溶解度，确定白色沉淀为 $CaCO_3$，气体是

CO_2，引导学生分析 $CaCO_3$ 和 CO_2 产生的原因。

学生：应用水溶液中的离子平衡及反应的分析思路，确定了 $CaCO_3$ 和 CO_2 产生的原因（见图 3–27）。反应 $Ca^{2+} + CO_3^{2-} = CaCO_3\downarrow$ 的发生促进 HCO_3^- 的电离，$c(H^+)$ 增大，引起 HCO_3^- 电离平衡逆移及 HCO_3^- 水解平衡正移，从而产生 CO_2。

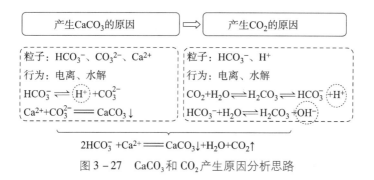

图 3–27　$CaCO_3$ 和 CO_2 产生原因分析思路

学生：提出问题，透析液是根据人体血液成分配制的，为什么人体血液中没有 $CaCO_3$ 呢？

学生：小组讨论，主动将血液与透析液进行对比，发现透析液浓度为血液浓度的 5 倍，在血液中 $c(CO_3^{2-}) \cdot c(Ca^{2+}) < K_{sp}(CaCO_3)$，而透析液中 $c(CO_3^{2-}) \cdot c(Ca^{2+}) > K_{sp}(CaCO_3)$，从而产生 $CaCO_3$ 和 CO_2。

（3）使用透析液。

学生：提出解决方案，找寻 $NaHCO_3$ 的替代物质，如 CH_3COONa。因为 CH_3COO^- 能结合 H^+，降低人体血液中 H^+ 的浓度，纠正酸中毒。

教师：提供以下资料。

①醋酸通常在肌肉中代谢为乙酰辅酶 A（CoA）。乙酰 CoA 进入三羧酸循环，每一个 CH_3COO^- 可以通过该循环代谢为 HCO_3^-，同时还产生 CO_2 和 H_2O。

②临床结果显示，由透析液进入体内的 CH_3COO^- 转化为 HCO_3^-，此过程需要一定的时间，并受到肝功能的影响，故纠正酸中毒慢且不充分。此过程还增加了耗氧量，抑制病人的呼吸中枢，带来低血压、消化道问题等一系列并发症，在透析液的发展史中，仅存在了 20 年[6]。

学生：放弃寻找替代物的方案，提出新方案，即在配制透析液的过程中，避免 Ca^{2+} 和 HCO_3^- 直接接触。小组讨论具体方案，汇报交流。学生设计透析液使用方案如表 3–9 所示。

表 3-9 学生设计透析液使用方案

方案	配制	使用
1	配浓缩溶液 A 和 B，溶液 A 中溶质为 NaCl、KCl、CaCl$_2$，溶液 B 中溶质为 NaHCO$_3$	先混合再稀释
2	配浓缩溶液 A 和 B，溶液 A 中溶质为 NaCl、KCl、NaHCO$_3$，溶液 B 中溶质为 CaCl$_2$	
3	配浓缩溶液 A 和 B，溶液 A 中溶质为 NaCl、KCl、CaCl$_2$，溶液 B 中溶质为 NaHCO$_3$	先稀释再混合
4	配浓缩溶液 A 和 B，溶液 A 中溶质为 NaCl、KCl、NaHCO$_3$，溶液 B 中溶质为 CaCl$_2$	

学生：针对溶液配制和使用方案产生的分歧进行讨论。结合方程式 $2HCO_3^- + Ca^{2+} =\!=\!= CaCO_3\downarrow + H_2O + CO_2\uparrow$ 可知，若先混合会有 CO_2 离开溶液体系，依据物质守恒可知，混合后再稀释，溶液也不能完全恢复，因此，应先稀释再混合。通过查阅资料，学生发现人体血液中还有 Mg^{2+}，因此真正医疗过程中使用的透析液中还包含 $MgCl_2$。在高浓度溶液中，Mg^{2+} 会发生反应 $2HCO_3^- + Mg^{2+} =\!=\!= MgCO_3\downarrow + H_2O + CO_2\uparrow$，因此浓缩溶液 B 中溶质应为 $NaHCO_3$。最终确定方案 3 为最佳方案。

设计意图：利用形成的思路分析实际问题。学生通过亲自动手实验，发现并关注到实验过程中的"异常现象"——白色沉淀和气体。这与学生原有的认知 Ca^{2+} 和 HCO_3^- 能够在水中共存产生冲突。在分析白色沉淀是什么物质这一过程中，学生利用元素守恒思想分析白色沉淀可能是哪些物质，最后通过这些物质的溶解度确定该白色沉淀是 $CaCO_3$。学生利用上一环节中形成的分析问题的方法，能够顺利解释 $CaCO_3$ 和 CO_2 产生的原因。在血液与透析液情况对比的环节，引发学生进一步思考，使其充分体会到沉淀产生的原因是相应离子的浓度积大于沉淀物的 K_{sp}，进一步感受到沉淀溶解平衡在实际问题解决过程中的应用。

最后，学生在形成思路、分析问题的基础上，进一步解决了实际问题，是前两个环节的深入与提升。此外，学生提出解决方案，即寻找替代物，避免 Ca^{2+} 和 HCO_3^- 直接接触的过程，既符合透析液"碳酸氢盐透析液→醋酸盐透析→碳酸氢盐透析液"的发展历程，更能让学生充分体会化学与技术的密切关系。

3.4 交流成果

学生：按照方案 3，重新进行透析液配制，并模拟实际使用情况，观察到稀释混合后的透析液无 $CaCO_3$ 和 CO_2 产生,测定溶液 pH 值,发现与正常人体血液 pH 值相近。

学生:各组交流汇报,互相点评。

3.5 评价反思

教师:组织各组进行交流反思。

学生:反思该项目完成的过程,梳理基础知识,总结水溶液中的离子平衡及反应的分析思路。

4. 教学反思

基于项目式学习思路,选取"人体代谢性酸中毒治疗方案的设计"进行高二年级水溶液中的离子平衡及反应的单元复习。在解决实际问题过程中,关注学生基础知识的落实、研究思路的形成、解决问题能力的提升及化学核心素养的发展。在此过程中,学生作为项目完成的主体,自己选定、拆解、完成项目,利用已学知识,逐渐形成系统分析思路,并将其用于认知冲突的分析和解决。整个过程中,学生兴趣浓厚,参与度高,许多平时上课不太活跃的学生也积极参与项目的学习。学生之间的交流、辩论及合作非常自然。学生充分体会了化学在实际生活中的魅力,课后有不少学生表示通过该项目的学习,对水溶液中的离子平衡及反应的分析思路更加清晰流畅。以题目"①写出 $MnSO_4$ 溶液和 NH_4HCO_3 溶液混合制备 $MnCO_3$ 固体的离子方程式_____;②已知 $H_2PO_4^- \rightleftharpoons HPO_4^{2-} + H^+$ 和 $HPO_4^{2-} \rightleftharpoons PO_4^{3-} + H^+$,写出 $FeCl_3$ 溶液和 Na_2HPO_4 溶液混合制备 $FePO_4$ 固体的离子方程式_____"进行课后测试,正确率能达到 85% 左右,这说明学生对复杂溶液体系中的离子平衡及反应的分析能力得到极大的提高,核心素养得到发展。

【案例分析】

本案例是生态·智慧课堂在化学反应原理水溶液中离子平衡部分的一次尝试。在生活场中,学生进行角色模拟,以医生的身份为病人分析病因、确立治疗方案,学生在活动中体验、成长;在思维场中,学生自主构建复杂溶液体系中离子平衡及反应的基本认识模型,并将其应用于透析液配制中异常现象的分析与解决,学生的高阶思维得到培养;在情感场中,学生深刻体会学习化学反应原理对人类健康发展的重要性,感受化学之精妙,赞叹生命之美好,陶冶了学生的情感世界，培养了健全的人格；在生命场中，学生增加了对物质世界客观本质的认知，促进了生命的健康成长。

参 考 文 献

［1］申燕，陈尚宝，邹志谱，等. 基于 STEM 理念下的项目式学习课例设计：以"探秘人体的呼吸"为例［J］.化学教学，2019（9）：50 - 55.

［2］侯肖，胡久华. 在常规课堂教学中实施项目式学习：以化学教学为例［J］. 教育学报，2016，12（4）：39 - 44.

［3］全芙君，申敬红，相红英. 基于项目的科学教学的方法与策略在高中化学中的实践［J］.化学教育，2014，35（5）：8 - 10.

［4］宋心琦. 普通高中课程标准实验教科书：化学反应原理（选修4）［M］. 第3 版. 北京：人民教育出版社，2004.

［5］杨玉琴，倪娟. 学科核心素养视域下的教学目标：科学研制与准确表达［J］.化学教学，2019（3）：3 - 7.

［6］薛军. 碳酸氢盐和醋酸盐血液透析结果比较［J］.九江医学，1998（1）：31 - 33.

走向核心素养的化学深度学习——以"保护海洋平台——金属电化学腐蚀与防护"为例

牛彩霞，邹映波

摘要：深度学习旨在引导学生从传统的机械学习中解脱出来，培养学生的知识迁移、解决实际问题与创新能力。深度学习的过程是促进式的、层次性的、阶梯式的。电化学在高中化学基本理论知识体系中占有重要地位，金属的电化学腐蚀与防护属于电化学知识的实际应用部分。以"保护海洋平台——金属电化学腐蚀与防护"为项目进行深度学习，学生自主构建金属腐蚀和原电池模型之间的关联，并从模型的两个角度（装置和原理）出发提出相应的防腐措施，学生用化学原理解决实际问题的能力得到提高，高阶思维得到体现。

关键词：化学核心素养；深度学习；模型构建；问题解决；金属电化学腐蚀与防护

深度学习是一种高水平的学习，是一种高阶思维的理解与认知[1]。在学习活动中，设计者应通过一定的学习资源和实践活动，帮助学生系统、深入地分析看似单一、零散的知识点,自主构建结构化的知识体系,并整合利用知识体系和信息解决实际问题,实现知识的迁移和创造。因此,深度学习有助于学生"微观探析""证据推理""模型认知"等核心素养的发展[2]。深度学习理论指出"实施深度学习,关键是将学习目标、挑战性学习主题、深度学习活动和持续性学习评价四个要素有效关联和落实"[3]。

电化学在高中化学基本理论知识体系中占有重要地位。《普通高中化学课程标准(2017 年版)》对本课程的要求是利用电化学原理解释金属腐蚀现象,选择设计防腐措施[4]。2018 年,北京卷高考考试说明对此部分知识的要求是了解金属发生电化学腐蚀的原因、危害及防腐措施。金属腐蚀能够带来巨大的经济损失,是一个普遍存在的世界性难题,因此金属腐蚀及防腐问题的研究具有重要价值。该问题的研究过程能够培养学生运用化学原理和化学思维分析问题、揭示问题本质并解决实际问题的能力,并进一步落实"微观探析""证据推理""模型认知"等核心素养的发展。然而,学生在分析解决这类实际问题时往往存在障碍,通过研究发现金属生锈问题与原电池不能准确关联是学生的思维障碍点。其主要原因在于学生对原电池模型理解过于死板,停留在浅层次,不能全面关注被腐蚀物质的成分及其所处的环境,不能从实际环境中抽离出原电池模型,未形成有序、系统的思维模型。

金属的电化学腐蚀与防护作为电化学的最后一节内容,亟须帮助学生形成在实际环境中抽离出电化学模型的方法,并用模型解决实际问题。在此过程中不断挖掘学生思维的深度,提高学生解决实际问题的能力,最终实现对知识深层次的理解和运用。

1. 基于深度学习的案例设计思路

在深度学习理论的指导下,本课程以"保护海洋平台——金属电化学腐蚀与防护"为项目进行深度学习。海洋平台是人们进行诸多海上活动的后勤保障,却面临着严重的腐蚀问题,防腐的重要性不言而喻。海洋平台的主要材料是钢铁,其腐蚀是钢铁腐蚀的重要代表,由于其所处的环境是大海,它的腐蚀是典型的电化学腐蚀,而防腐方法又涉及原电池、电解池的相关知识。学生以"海洋平台电化学腐蚀的原理和防腐"为活动主线,把"电化学理论的基础知识和分析思路"贯穿于整个解决问题的过程中,学生的"微观探析""证据推理""模型认知"等核心素养得到落实(见图 3 - 28)。

在解决问题过程中,学生主动将任务拆解为海洋平台腐蚀的原理和防腐措施两个子任务。随着海洋平台腐蚀原理分析这一子任务的完成,学生从反应原理和装置两个角度,自主建立金属腐蚀和原电池模型(见图 3 - 29)之间的关联,总结金属腐蚀的化学本质：通过原电池反应，金属失去电子被氧化。接下来从模型的两个角度出发提出相应的防腐措施，总结金属防腐的化学本质：抑制原电池反应发生，抑制金属失电子。学生主动运用化学知识和化学思维进行问题的分析与解决，正确认识化学科学与社会的相互联系，感受化学与现实生活的紧密联系，进一步体会化学学科的社会价值。

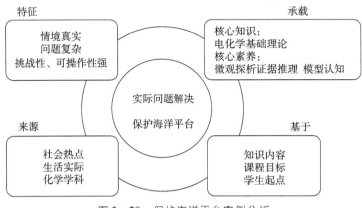

图 3 – 28　保护海洋平台案例分析

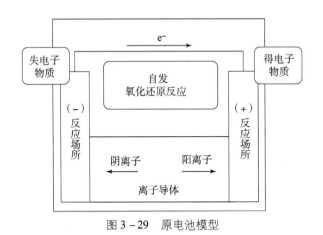

图 3 – 29　原电池模型

2. 基于深度学习的案例实施过程

2.1　选定项目

问题情境：2010 年 9 月，山东东营胜利油田位于渤海的作业 3 号海洋平台发生倾斜45°事故，造成人员伤亡。事后调查发现，此次事故与海洋平台被腐蚀有关。实际上，海洋平台腐蚀现象非常普遍，给我国带来了巨大的损失[5]。

学生：选定研究项目为保护海洋平台，并提出驱动性问题，包括什么是海洋平台腐蚀？海洋平台腐蚀的原理是什么？如何避免海洋平台腐蚀？

设计意图：任务设计直指学生认识问题、解决问题的思路，学生将保护海洋平台这一真实情境问题转化为学科问题，如海洋平台电化学腐蚀的原理是什么？如何抑制电化学腐蚀发生？在这一过程中逐渐形成解决问题的系统思路，即是什么（实质）→为什么（原理）→带来什么影响（正面、负面）→如何做（针对原理设计方案）。

2.2 拆解项目

教师：提供资料，海洋平台腐蚀主要为电化学腐蚀，即海洋平台发生了原电池反应。

学生：依据资料及驱动性问题，主动将该项目拆解为两个子项目——一个是探究海洋平台腐蚀的本质；另一个是应用电化学原理设计海洋平台防腐方案。

教师：组织学生汇报项目规划结果，并优化确定规划方案（见图3-30）。

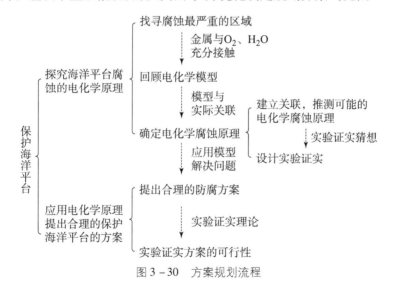

图 3-30 方案规划流程

2.3 活动实施

2.3.1 探究海洋平台腐蚀的本质

学生：观察海洋平台的实物图，在学案上画出海洋平台被腐蚀最严重的区域，并说明理由。

（1）探查与外显学生认知障碍。

学生：回顾电化学模型，并结合电化学模型解释海洋平台被腐蚀的电化学实质，结合实际和原电池模型，画出关联示意图。在此过程中，遇到的障碍可能有找不到正极、离子导体或得电子物质等。

（2）突破学生认知障碍。

教师：提供资料，引导学生结合资料解决遇到的困难。

资料1：*海洋平台的主要材料是钢铁（铁碳合金）。*

资料2：*海水呈弱碱性，pH值约为8.1。*

学生：分析、讨论、找到各要素。①正极——C；②电子导体——合金中 Fe 和 C 相互接触；③失电子物质——Fe；④离子导体——大海；⑤得电子物质——O_2。

教师：发布任务，设计实验证实上述体系可以发生原电池反应，且正极得电子物质为 O_2。

学生：设计实验，验证上述过程确定的体系可以发生原电池反应（见图 3 - 31）。

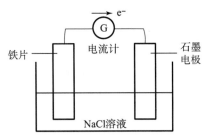

图 3 - 31　Fe - C - NaCl 溶液原电池装置示意图

学生：进一步设计实验，证实在 Fe - C - NaCl 溶液原电池中正极得电子物质为 O_2（见图 3 - 32）。

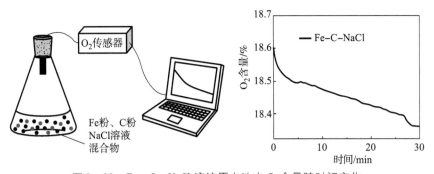

图 3 - 32　Fe - C - NaCl 溶液原电池中 O_2 含量随时间变化

学生：完善原电池模型，并根据海洋平台腐蚀与原电池模型关联结果（见图 3-33），写出该原电池的电极及总反应式，总结海洋平台腐蚀实质——通过原电池反应，金属失去电子被氧化。

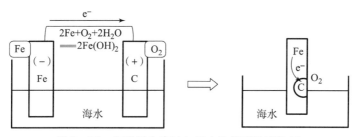

图 3-33   海洋平台腐蚀与原电池模型关联结果

负极：
$$2Fe - 4e^- \rightleftharpoons 2Fe^{2+} \tag{3-1}$$

正极：
$$O_2 + 4e^- + 2H_2O \rightleftharpoons 4OH^- \tag{3-2}$$

总反应：
$$2Fe + O_2 + 2H_2O \rightleftharpoons 2Fe(OH)_2 \tag{3-3}$$

通过进一步思考，结合已学知识，继续完善铁锈的形成过程，反应式为
$$4Fe(OH)_2 + O_2 + 2H_2O \rightleftharpoons 4Fe(OH)_3 \tag{3-4}$$

之后 $Fe(OH)_3$ 失水生成 $Fe_2O_3 \cdot xH_2O$。

（3）形成与外显认知模型。

教师：氧气在正极得电子的金属腐蚀为吸氧腐蚀。当电解液呈酸性时，电解液中会有气泡产生，这种气体经检验验证是氢气，此时在正极得电子的粒子是氢离子，这样的腐蚀为析氢腐蚀，在强酸性环境下发生。吸氧腐蚀在弱酸、弱碱或中性条件下发生，在我们的日常生活中，吸氧腐蚀是非常普遍的一种腐蚀。

教师：引导学生总结关联实际问题和原电池模型的方法——关注物质和环境。

设计意图：通过分析海洋平台电化学腐蚀原理，提取并关联原电池模型，形成分析思路。首先，通过观察海洋平台腐蚀最严重的部位，学生回忆巩固原有知识：金属腐蚀条件是同时与空气和水接触。进一步关联金属腐蚀与原电池模型，在关联过程中，学生的障碍点外显，从而精准定位学生的难点。通过阅读资料及不断追问的方式，引导学生从物质（海洋平台）及所处的环境（空气、海洋）中寻找能发生的原电池反应和原电池模型的要素，突破思维障碍，并进一步通过数字化实验进行验证，最终形成关联实际问题和原电池模型的思路方法：关注物质和环境。

2.3.2 应用电化学原理设计海洋平台防腐方案

学生：依据电化学原理，提出防腐思路——切断原电池闭合回路，阻碍金属失电子。

学生：汇报、展示海洋平台防腐方案。

教师：点评方案，将学生方案进行规范化表达，如涂层法、牺牲阳极的阴极保护法、外加电流的阴极保护法等。进一步引导学生从不同角度将防腐方案进行归类：一是从反应实质的角度出发，抑制金属失电子；二是从装置的角度出发，切断闭合回路。海洋平台防腐方案展示如表 3 – 10 所示。

表 3 –10　海洋平台防腐方案展示

方案 设计图	 涂油漆	 与更活泼金属 Zn 相连	 Fe 与电源负极相连
方案名称	涂层法	牺牲阳极的阴极保护法	外加电流的阴极保护法
防腐原理	隔绝氧气和海水，切断原电池的闭合回路	Zn 失电子比 Fe 强，抑制 Fe 失电子被氧化	Fe 与电源负极相连，强力抑制 Fe 失电子被氧化
角度	装置：切断闭合回路	原理：抑制金属失电子	

教师：

(1) 发布任务，设计实验证实牺牲阳极的阴极保护法的合理性。

(2) 提供资料，铁氰化钾化学式为 $K_3[Fe(CN)_6]$，遇到 Fe^{2+} 能生成蓝色沉淀，反应式为

$$3Fe^{2+} + 2[Fe(CN)_6]^{3-} = Fe_3[Fe(CN)_6]_2\downarrow$$

学生：阅读资料卡片，设计实验，交流展示（见图 3 –34）。

设计意图：培养和提高学生将实际问题和原电池模型关联的思路用于解决实际问题的能力。学生从形成原电池的两个角度（装置和原理）出发，关注实际情境中的物质和环境，设计海洋平台的防腐措施，并能说出原理，进一步通过实验验证设计的防腐措施的合理性。

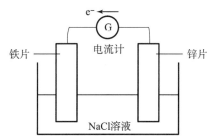

图 3 - 34　学生实验方案展示：牺牲阳极的阴极保护法

2.4　评价反思

教师：组织各组进行交流反思。

学生：总结电化学原理解决实际问题的思路。

关注物质和环境，将实际情境与原理模型的要素逐一进行关联，再利用模型的不同要素解决实际问题，如图 3 - 35 所示。

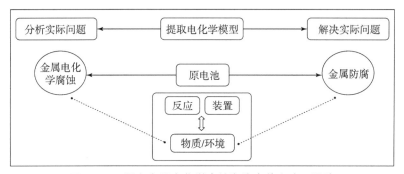

图 3 - 35　研究金属电化学腐蚀和防腐的方法及思路

3. 基于深度学习的案例反思

教师聚焦学科本质，引导学生关注电化学腐蚀和防腐之间的内在联系，以此为依据创设真实情境，设计活动平台，学生在平台中完成深度学习。在任务完成过程中，学生经过证据推理、实验验证，不断完善和证实，逐步形成结构化的认知模型，并应用认知模型解决实际问题。学生的思维能力得到进一步提升，化学核心素养得到进一步发展和落实。

【案例分析】

本案例是生态·智慧课堂在化学反应原理部分的一次尝试。学生置身于保护海洋平台的真实生活场中，寻找海洋平台腐蚀的原因，抽离出电化学模型，进而提出防止平台腐蚀的方法，逐渐形成思维场，使高阶思维得到发展。在情感场中，学生体会化学原理造福人类的神奇，感叹大自然之美好；在生命场中，学生进一步增加对物质世界更加客观本质的认知，促进学生生命的健康成长。

参 考 文 献

[1] 黄红梅，严海林，冉鸣. 基于中学化学教学资源库的深度学习实践探讨 [J]. 中学化学教学参考，2017，21（11）：45 – 48.

[2] 邹定兵. 建构认知模型 促进深度学习：以高三选修模块复习课"物质的分离与提纯"为例 [J]. 化学教学，2019（1）：41 – 45，51.

[3] 陈争. 指向素养养成的化学深度学习：《保护珊瑚礁——水溶液中的离子平衡主题复习课》例析 [J]. 基础教育课程，2019（z1）：85 – 91.

[4] 李俊. 普通高中化学课程标准（2017 年版）[S]. 北京：人民教育出版社，2018.

[5] 王义，靳有. 浅析海洋平台腐蚀与防护 [J]. 全面腐蚀控制，2013，27（3）：8 – 10.

学科融合、理综联姻——原电池

白光耀

摘要：教育的本质是培养人，激发潜能，使人成为最好的自己。当代社会，需要全面发展的人。科技发展需要各学科融合共同完成任务。实用化学电源的发现、发展和应用，就是集物理、化学、生物学科合作共同完成任务的过程。

关键词：生态智慧；原电池；学科融合

1. 选题背景

（1）时代使命。

教育，是一门科学，更是一门艺术。要让学生成为最好的自己，教育应从本质上成全和唤醒学生，帮助学生发现并发现自己的智慧潜能。

如何让学习真实有效地进行，便是生态·智慧课堂探索的起点。生态·智慧课堂是北京一零一中学在坚守自我教育理念的前提下提出的创新性课堂，是学校为了能更好地把握教育综合改革的趋势，在新课标、新课程、新高考的背景之下，落实核心素养的要求，实现卓越担当、指向未来的人才培养目标的课堂内涵追求。

2016 年 9 月，《中国学生发展核心素养》正式公布，构建了"三个方面、六大素养、十八个基本点"的核心素养体系，其特征是关注人的整体实现、强调对现代社会的适应性、注重"教育"和"育人"的和谐统一。基于核心素养的教学模式应注重"教"与"学"的重塑，追求不教之教的过程。

生态·智慧课堂追求的是构建生命成长和智慧生成的场域。在"核心素养"的引领下，课堂形态与学习方式要追求更加真实、自然、综合化，在不断质疑、求索、讨论、反思中获得知识记忆解决实际问题，实现从已知到未知的学习能力上质的飞跃。

随着现代科技的发展，学科分类越来越细，越来越交叉。这就有越来越多的问题需要多学科合作来共同解决。其实历史上很多新材料、新技术都是几个学科合作共同发现、发展并实现实际应用的。其中，生活中的化学电源就是典型事例。

（2）本课时教学内容的功能和定位。

①突出化学的实用性。化学是与人类幸福生活密切相关的一门基础自然科学。化学电源是化学带给人们生活便捷的一个突出应用。

②突出化学的科学性。化学电源的发展，源于对生命科学的研究，结合物理电学原理，通过化学反应来解释和应用，最终形成实用电源，造福人类。现代科学的发展，需要各学科融合、交叉、协作、共同完成，不能将各学科完全割裂开来。最近几年的诺贝尔"理综奖"充分体现了现代科学发展的这一趋势。

③突出化学的生活性。科学造福人类，生活中处处充满科学，我们要善于观察，勤于思考，学以致用。

（3）学生情况及教学内容分析。

①学情分析。

学生已经掌握了物理学中的电学知识，会使用各种化学电源；已经学习了化学反应中有能量变化，但不知道化学电源内部的工作原理，不知道它为什么能向外供电。

②教学内容分析。

本课程是化学鲁科版必修二第二章第二节"化学反应与能量变化"第二课时"化学反应能量转化的重要应用——化学电源"的内容。

化学电源已成为人类生产和生活的重要能量来源之一，各式各样的化学电源的发明也是化学学科对人类的一个重大贡献。可以说，每个人的生活都离不开化学电源。近年来世界各国大力提倡的碳达峰、碳中和，也有化学电源的贡献。我国大力发展的新能源汽车，核心部件就是化学电源。

本课程重点研究化学电源的原理，建立研究原电池原理的分析模型：会判断装置能否构成原电池；会书写电极反应式；会结合物理电学原理分析电子和离子移动方向；会设计简单的原电池装置，并能学以致用，解释生活中的相关现象。通过本课程，学生还要养成强烈的社会责任感和环保意识，知道废旧电池随意丢弃的危害，要将电池投入专门的垃圾桶，以便统一回收处理。

2. 学习目标

（1）理解原电池原理；掌握构成原电池的条件；会进行简单的原电池装置设计。提升宏观辨识和微观探析、证据推理和模型认知的科学素养。

（2）通过原电池原理和形成条件的探究，培养学生的探究精神和依据实验事实得出结论的科学态度，通过原电池的设计培养学生的团队协作精神。

（3）通过化学电源的发展，让学生体会自然科学各学科融合的重要性。学生要打好整个自然科学的基础，这样才能大有作为；更进一步，应该文理科融合，以谋求更大的发展。

（4）通过实验分析、问题引领学生讨论和师生互动，让学生主动构建知识体系，分析思路方法，并用来解决实际问题，实现生态·智慧教育。

3. 教学重点难点

重点：构成原电池的条件，以及原电池的原理。

难点：电极反应式的书写和原电池装置的设计。

4. 学生发展指导融合点

让学生明确化学学科的实用价值，突出知识就是力量。从化学电源的发展过程看，化学电源是生物学（生命科学）、物理学和化学各学科协作发展而来的。现在的科技在不断进步，更需要各学科融会贯通来解决实际问题。所以，各学科并非孤立的，而是互相依赖、互相补充、相辅相成的。我们从现在就要打好各学科的基础。

科学发展无止境。各个理论体系、原理应用、材料性能等，都在不断的发展更新中。化学电源也是如此，锂离子电极材料、钠离子电池的研究、燃料电池的优势，以及其他新型化学电源的研发等，都在等着我们去完成。我们现在努力学习，将来就有机会大展宏图，为全人类做出贡献。

我们只有一个地球，节约能源，保护环境，是每个公民的责任。

5. 教学过程

教学过程如表 3-11 所示。

表 3-11　教学过程

教学环节	教师活动	学生活动	设计意图
一、化学电源和原电池发现史	用 PPT 展示各种化学电源：普通干电池、纽扣电池，以及应用于手机、计算机的锂离子电池。用 PPT 展示伽伐尼电池（或伏打电池）的实验。提示学生关注实验中的材料（物质）。引导学生分析两个实验中的共同点。做水果实验，介绍所用材料	观察、聆听、对比、思考	突出化学电源在生活中的应用，提升学生的学习热情；让学生明确科学发现需要细心地观察、思考；科学的发展是一个不断修正、改进，甚至推翻重来的过程，通过水果实验进一步提升学生的学习兴趣
二、探秘源电池	做演示实验：$Cu-Zn-H_2SO_4$ 原电池。引导学生分析形成原电池的证据和原电池工作原理。书写电极反应式，分析电子和离子流向	观察、思考、交流、讨论	引导学生总结原电池工作原理和装置要求
三、判断原电池，建立分析模型	用 PPT 展示装置，结合物理电学原理得出构成原电池的分析思路方法，反应角度和装置角度、电极、电解液	观察、书写、分析、讨论，得出思路方法要素	学会判断是否构成原电池；会书写电极反应式和判断电子、离子流向；提炼总结形成原电池的分析模型
四、设计原电池	用 PPT 展示，引导学生运用思路方法分析能否构成原电池，书写电极反应式	思考、讨论	应用思路方法要素，分析装置，巩固电极反应式的书写及电子、离子流向的分析
五、学以致用	展示"格林太太的假牙"案例，引导学生分析原因，提出可能的解决方案	思考、交流	突出化学原理在生活中的应用。生活中处处充满化学

6. 板书设计

工作原理如图 3 – 36 所示。

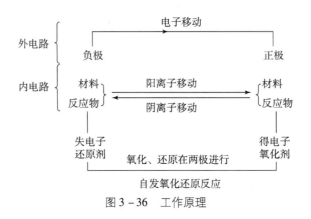

图 3 – 36 工作原理

【案例分析】

本课程充分达成了课前目标。学生在动手实验和谈论交流中深刻体会了化学电源的工作原理，也能利用已知氧化还原反应自行设计原电池，分析"格林太太的假牙"。本课程以学生为主体，学生真实参与，实现了自我成长和智慧生成。在学习过程中，学生也体会到化学的重要性，感受到通过各学科融合发现、发展和应用化学电源来造福人类的过程。在以后的教学中应该充分挖掘教学素材，突出化学的实用性，突出学科融合的重要性，从不同角度展示自然科学之美！

■ 第3节 物质结构与性质

基于证据推理与模型认知的原子结构模型教学
——以"核外电子运动状态"为例

李 晨

摘要：以"原子结构模型"为项目创建化学生态·智慧课堂，进行新授课的教学。学生通过阅读科学发展史，在情感场和生命场中体验科学的"暂时性"，从而敢于大胆假设；学生通过光谱实验推测核外电子运动状态，在生活场和思维场中体验证据推理的美妙。

关键词：原子结构模型；生态·智慧；光谱；核外电子运动状态

1. 教学内容分析

学生在物理学科上已经学过"原子结构模型"，学业水平的要求仅仅为记忆性考查，但该部分的教学对学生理解原子结构与元素的性质起着重要的支撑作用，并且可以用原子结构发展史让学生沉浸在思维场和生命场中，培养学生证据推理、模型认知、科学精神的核心素养。

学生可通过学习原子结构模型构建原子结构和性质的关联。化学反应的最小粒子是原子，即变化的仅仅是核外电子，而且只是价电子。学生可从原子结构模型的构建过程中，清晰地认识到核外电子的运动状态–能量是有明显差异的。能量较低的电子，即价层电子更易发生得失或共用。根据量子力学，原子核外有不同的能层、能级和轨道，电子按照一定规律（能量最低、泡利不相容原理、洪德定则）排布在轨道上。这导致最外层电子的数目是有限的，且可预测。学生在明确元素质子数的情况下即可完成对该元素相关性质的预测。

学生可通过学习原子结构模型构建原子结构和元素周期表的关联。将能量相近的能级归为一个能级组，每一个能级组对应一个周期，相对上一个能级组新增加的可容纳电子的数目即该周期的元素种类数。价电子的数目决定了元素所属的族序数。这也解释了元素周期表可以关联元素性质的原因。自此，"位—构—性"在学生心中变得越加清晰和灵活。

学生可通过原子结构模型的学习培养证据推理与模型认知的核心素养。原子结构模型历经几百年的完善与修正才成为如今暂时科学的量子化的模型。这体现了科学的"暂时性"。学生通过实验证据——光谱，可以切实地看到"能级"和"轨道"，将抽象的概念具象化，锻炼了证据推理的能力。在历史上，元素周期表的完善对原子结构模型的修正起到了重要的指导作用。可见，模型认知具有对探索未知世界的预测和检验功能。

原子结构模型的教学分为两个课时：第一课时内容包含原子结构模型的演变、从玻尔模型到量子力学模型的修正过程、核外电子排布规律（能量最低、泡利不相容原理、洪德定则）的探究；第二课时内容为核外电子排布规律的系统学习、原子结构与元素周期表的关联。

2. 教学实施过程

2.1　环节一：原子结构模型的演变

教师：列举一系列有关焰色反应、电子排布等的疑惑，指出解决疑惑的终极奥秘在于原子结构，并布置任务一。

任务一：阅读人类对原子结构模型的发展历史（见附件阅读材料中的资料1～4），说一说以下问题。

(1) 原子结构模型是如何发展的？

(2) 如何利用玻尔模型解释氢原子的线状光谱？

学生：学生在解释氢原子的线状光谱时出现较多的逻辑问题，教师适时指出改正，明确轨道量子化、跃迁等概念，并指出跃迁行为将宏观光谱与微观电子运动联系起来，因此可用光谱来研究电子的运动。同时要点明，玻尔模型将注意力都集中在核外电子的运动状态上。这为后续关联原子结构与元素周期表埋下伏笔。

设计意图：本教学环节帮助学生回忆物理中学过的原子结构模型，但使学生更加明确每一个模型相比前一个模型的进步之处，提炼出模型是事实证据之间的关系。应用玻尔模型解释氢原子的线状光谱可以培养学生利用理论模型解释实验事实的能力。全班只有三个学生未选学物理，他们在其他同学讨论期间或问同学或问教师，问题得到解决。学生在辩论概念的过程中可反复寻找阅读材料中的证据，从而越辩越明。

2.2　环节二：从玻尔模型到量子力学模型的修正过程

教师：从历史中汲取智慧后，探索波尔模型是如何在实验证据的推动下一步步走到量子力学模型的，并布置任务二。

任务二：请解释 Na 原子的部分光谱如何佐证亚层的存在（见附件阅读材料中的资料5）。

学生：

(1) 学生认为 $n=6 \to n=3$ 的跃迁是指电子可以从 $n=6$ 先跃迁到 $n=4$，再由 $n=4$ 跃迁到 $n=3$，因此出现两条谱线很正常（该部分学生未理解符号含义）。

(2) 个别学生会疑惑，依据阅读材料 $n=6$ 的轨道应该有 6 个亚层，$n=3$ 的轨道应该有 3 个亚层，那么 $n=6$ 到 $n=3$ 的跃迁释放的光子波长应多于两种，这与钠光谱不相符（该部分学生有很强的阅读理解能力，擅长分析和利用信息）。

（3）部分学生忽略信息中的结论，直接思考，为什么会出现两条谱线（这部分学生的信息提取能力有待提高）。

（4）未学过物理的学生很难理解光谱与电子跃迁之间的关系。

设计意图：①检验学生是否真正理解线性轨道的含义，以及电子跃迁与光谱之间的关系；②帮助学生更直观地"看到"能级的存在。

该任务将证据和结论均给出，希望学生可以建立两者之间的联系，进而明确探究能层精细化结构的方式：同一种跃迁是否可释放多个波长的光子，为后续的探究做铺垫。

教师：讲解能层、能级的符号，以及能层数与能级数间的关系，并布置任务三。

任务三：阅读附件阅读材料中的资料6，你可以得出什么结论？

学生：

（1）部分学生可以快速理解资料6的意图（这部分学生并没有仔细分析资料，只是应用了任务一的思路）。

（2）部分学生在思考为什么加磁场后光谱会发生分裂（这部分学生在认真阅读资料，并没有一味地跟随前面的经验，而是提出了自己的思考，值得表扬）。

设计意图：①在任务一的基础上，直接让学生由现象得出结论，考查学生对任务一中思维方式的理解程度；②帮助学生直观地看到同一能级上的电子还存在不同——运动取向不同，即存在不同的原子轨道。

教师：讲解原子轨道的定义、个数，并布置任务四。

任务四：请写出 H、Li 的原子结构示意图和电子排布式（见附件阅读材料中的资料7）。

学生：

（1）未意识到原子结构示意图与电子排布式之间的对应关系；学生期望明确每层最多容纳的电子数目；学生对是否需排满第一层才可以排第二层存在疑惑。

（2）不清楚电子应先排入 2s 还是 2p。

（3）没有正确读取和利用信息，例如未标注能层、电子数目的位置错误等。

设计意图：①建立如下逻辑——原子结构决定了元素性质，因此科学家才可以用元素周期表检验原子结构的正确与否；②建立原子结构示意图与电子排布式之间的关系；③引出探究每层最多容纳的电子数目及能级能量的必要性。

教师：点评学生书写的排布式。

2.3　环节三：核外电子排布规律（部分）的探究

教师：布置任务五。

任务五：请阅读附件阅读材料中的资料 8，计算出第 n 能层最多可容纳的电子数目。

学生：可快速、准确推算出正确答案，并理解最内层最多排 2 个电子，第二层最多排 8 个电子等规则。自主建立核外电子排布式与原子结构示意图的关联。

教师：布置任务六。

任务六：请阅读附件阅读材料中的资料 9，思考以下问题。

（1）左侧光谱如何证明初中所学规律"离原子核越近的能层能量越小"？

（2）右侧光谱体现出的能级大小关系如何？

学生：快速解读光谱，意识到核外电子排布需遵循能量最低原理。

设计意图：学生初步感受原子结构模型的应用——预测原子的核外电子排布。

课下作业：请学生书写 Na、K 的电子排布式。

设计意图：检验目前修正的量子力学模型是否存在缺陷，引出第二课时内容，即核外电子排布规律的系统学习。

3. 教学反思

（1）本课时容量大，时间紧，任务重，学生活动不够充分。可延长课时到 50 min，或本课时只进行到环节二。

（2）可以再对教学进行重新设计，将各位科学家针对元素周期表的思考表现出来，例如汤姆孙是第一位提出核外电子排布决定元素化学性质的科学家，玻尔作为他的学生，又依据元素周期表对原子结构模型进行修正和补充。这样才可以更充分地将原子结构、元素性质和元素周期表进行紧密结合。

（3）课标相应的内容要求为"电子可以处于不同的能级，在一定条件下会发生激发与跃迁"，并未对光谱提出要求。但本课时的基础就是学生基于原子核外电子运动与光谱的关系进行分析和解决问题，这对于某些物理学习存在困难的学生是非常不友好的。

附件　阅读材料

【资料 1】原子结构模型修正如图 3 - 37 所示。

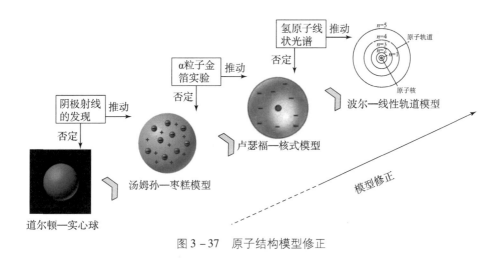

图 3 – 37　原子结构模型修正

【资料 2】玻尔认为，电子跃迁才会辐射或吸收特定的能量，如图 3 – 38 所示。

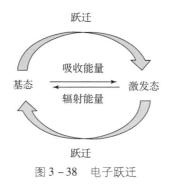

图 3 – 38　电子跃迁

基态：在正常状态下，原子处于最低能级的状态，这时电子在离原子核最近的轨道上运动。

激发态：原子或分子吸收一定的能量后，电子被激发到较高能级但尚未电离的状态（电子依然在原子轨道上）。

【资料 3】光子能量的表达式为

$$E = h\nu = hc/\lambda$$

式中，E 为光子的能量；h 为普朗克常量；ν 为频率；λ 为波长；c 为光速。

【资料 4】光谱：用光栅或棱镜可以把各种颜色的光按照波长展开，获得光的波长（或频率）和强度的分布记录。光谱研究是探究原子结构的重要途径。

线状光谱：只有特定波长（或频率）的光，强度不为 0，体现在光谱上是一道亮线；其他波长（或频率）的光，强度为 0，体现在光谱上为黑色。例如，氢原子的部分光谱如图 3 - 39 所示。

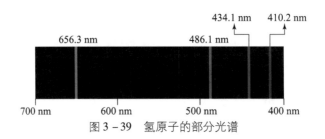

图 3 - 39　氢原子的部分光谱

【资料 5】1821 年，不论是光谱学还是化学研究都有了新的发现和进展。玻尔及时汲取并巧妙地运用了这些新成果，进一步搭建原子模型。他进一步指出："不同电子层并不只是简单的层壳，而是可以继续划分成若干'电子亚层'。也就是说，能层为 2 的电子轨道可以划分为两个亚层，能层为 3 的轨道可以划分为三个亚层，以此类推。"图 3 - 40 为钠原子的部分光谱。

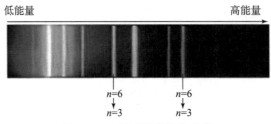

图 3 - 40　钠原子的部分光谱

【资料 6】1869 年，荷兰物理学家塞曼使用半径为 10 英尺①的光栅观察磁场中的钠火焰的光谱，他发现钠的 D 谱线（589.6 nm 和 589.0 nm）似乎出现了加宽的现象。这种加宽现象实际是谱线发生了分裂（图 3 -41 仅展示了 589.6 nm 谱线的分裂情况）。随后不久，塞曼的老师、荷兰物理学家洛伦兹对此现象做出了解释。塞曼和洛伦兹因为这一发现共同获得了 1902 年的诺贝尔物理学奖。

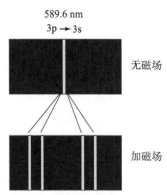

图 3 - 41　589.6 nm 谱线的分裂情况

【资料 7】电子排布式是表示原子核外电子排布的一种方式。在 ns、np、nd 等各能级符号的右

――――――――――

①　1 英尺 = 0.304 8 米。

上角用数字表示该能级中的电子数目，如基态氖原子的电子排布式为$1s^22s^22p^6$。

【资料8】在用分辨率很高的光谱仪观察钠原子光谱时，发现钠原子在无外磁场时，电子由3p能级跃迁到3s能级时得到的不是一条谱线，而是靠得很近的两条谱线，如图3-42所示。1925年，年龄不到25岁的两位荷兰学生乌伦贝克和古兹密特根据大量的实验事实提出了一个极大胆的假设，电子不仅有轨道运动，还有自旋运动。电子有两种自旋方向，分别用"↑"和"↓"表示，且同一个原子轨道上的两个电子需自旋方向相反。

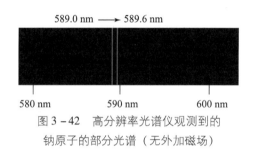

589.0 nm ⟶ 589.6 nm

580 nm　　　590 nm　　　600 nm

图3-42　高分辨率光谱仪观测到的
钠原子的部分光谱（无外加磁场）

【资料9】钠原子的部分光谱如图3-43所示。

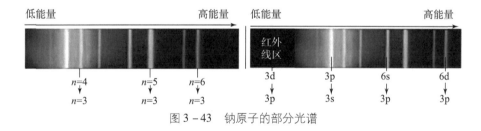

图3-43　钠原子的部分光谱

探秘分子结构

陈莉莉，牛彩霞

摘要：以"探秘分子结构"单元教学为例，创建化学生态·智慧课堂，从解释分子结构和预测分子结构两个课时实施单元教学实践。学生在思维场、情感场两个场域中，经历科学家探寻分子结构奥秘，预测分子结构的过程，赞叹化学理论的强大，分析和解释问题的能力得到提高，化学学科核心素养得到培养。

关键词：分子结构；杂化轨道理论；价层电子对互斥理论

1. 教学设计思路

分子结构是物质结构与性质模块中的重要内容,《普通高中化学课程标准
(2017 年版)》明确指出"结合实例了解共价分子具有特定的空间结构,并可运
用相关理论和模型进行解释和预测",重在培养学生"证据推理与模型认知"的
核心素养。

学生在以往的学习中已掌握了原子结构和共价键的本质,这些为学习分子结构
奠定了基础。本课程设计"解释分子结构"和"预测分子结构"两个课时的教学
内容,学生体会杂化轨道理论和价层电子对互斥理论在分子结构研究中的重要功能,
感受化学研究中理论发展的重要性,逐步落实"证据推理与模型认知"的核心素养。

2. 学习目标

(1)掌握杂化轨道理论在解释分子结构方面的应用。
(2)掌握价层电子对互斥理论在预测分子结构方面的应用。
(3)结合两个理论对陌生分子结构进行预测,并解释成键过程。

3. 学习重难点

本单元教学重难点有以下几个方面。
(1)利用杂化轨道理论解释分子结构。
(2)利用价层电子对互斥理论预测分子结构。
(3)将两个理论结合研究陌生分子结构。

4. 学习过程

4.1　第一课时 解释分子结构——杂化轨道理论

第一课时教学过程如表 3 – 12 所示。

表 3 – 12　第一课时教学过程

教师活动	学生活动
环节一:解释 CH_4 分子结构	
【教师】回顾共价键理论要点,预测 CH_x 的分子式和分子结构。 【教师】实际最简单的烃为 CH_4,其为正四面体结构	【学生】(1)共价键的形成:未成对的电子通过相互配对形成共价键。 (2)共价键的特征:共价键具有饱和性和方向性

续表

教师活动	学生活动
环节一：解释 CH_4 分子结构	
【思考】（1）C 如何才能与 4 个 H 形成共价键？ （2）CH_4 中 4 个 C—H 键的键长和键能如何一样？ （3）4 个 C—H 键为何会指向正四面体的 4 个顶点？ 【教师】点评，"均分"即"杂化"。提供杂化轨道示意图，引导大家总结 sp^3 杂化后原子轨道的特点	（3）碳原子的价层电子排布为 $2s^2 2p^2$，故应为 CH_2 且为直线。 【学生】（1）将 2s 轨道中的一个电子激发到 2p 轨道中，形成 4 个单电子。 （2）C 的 2s 轨道和 2p 轨道需要"均分"为 4 个轨道。 （3）4 个"均分"后的轨道在空间"排斥"为正四面体时，排斥力最小。 【学生】（1）杂化前后轨道数目不变，杂化所得轨道能量相同。 （2）杂化后轨道伸展，形状发生改变，4 个杂化后的轨道分别指向正四面体的 4 个顶角，轨道之间的夹角为 $109°28'$。 （3）杂化后的轨道与氢原子的 1s 电子形成 σ 键，且键更加稳定
环节一的设计意图：以学生最熟悉的 CH_4 分子为例进行研究，初步体会 sp^3 杂化方式、杂化轨道特点，以及杂化的重要意义	
环节二：解释 $CH_2{=}CH_2$ 空间结构	
【教师】解释乙烯 C_2H_4 的平面结构 【教师】点评学生分析过程，提供杂化轨道示意图，引导大家总结 sp^2 杂化后原子轨道的特点	【学生】（1）同 CH_4 一样，C 中 2s 轨道上的一个电子激发到 2p 轨道上，C 周围有一个 π 键，是 p 轨道肩并肩形成的，因此有一个 p 轨道未参与杂化，应为 sp^2 杂化。 （2）形成 3 个杂化轨道，在空间相互排斥，夹角为 120° 时最稳定，p 轨道与 3 个杂化轨道形成的平面垂直。 （3）每个 C 用一个 sp^2 杂化轨道形成 C—C 键，另外两个 sp^2 杂化轨道形成 C—H 键，故 C_2H_4 为平面结构。 【学生】（1）杂化前后轨道数目不变，杂化所得轨道能量相同。 （2）杂化后轨道伸展方向，形状发生改变，3 个杂化后的轨道分别指向正三角形的 3 个顶角，轨道之间的夹角为 120°。 （3）杂化后轨道形成 σ 键，且键更加稳定。 （4）剩余的 p 轨道"肩并肩"重叠，形成 π 键，稳定性较差

续表

教师活动	学生活动
环节二的设计意图：通过解释 C_2H_4 分子，学生在 sp^3 杂化方式的基础上主动探索 sp^2 杂化，即在模型构建的基础上进行一次模型应用	
环节三：预测 CH≡CH 分子结构	
【教师】预测乙炔 C_2H_2 的分子结构。 【教师】点评学生分析过程，提供杂化轨道示意图，引导大家总结 sp 杂化后原子轨道的特点	【学生】在乙烯基础上，分析得出以下结论。 （1）C 中 2s 轨道上的一个电子激发到 2p 轨道上，C 周围有 2 个 π 键，是 p 轨道"肩并肩"形成，因此有 2 个 p 轨道未参与杂化，应为 sp 杂化。 （2）形成 2 个杂化轨道，在空间相互排斥，夹角为 180°时最稳定，2 个 p 轨道与 2 个杂化轨道相互垂直。 （3）每个 C 用一个 sp 杂化轨道形成 C—C 键，另一个 sp 杂化轨道形成 C—H 键，故 C_2H_2 为直线形。 【学生】（1）杂化前后轨道数目不变，杂化所得轨道能量相同。 （2）杂化后轨道伸展，形状发生改变，杂化后的 2 个轨道之间的夹角为 180°。 （3）杂化后轨道形成 σ 键，且键更加稳定。 （4）剩余的 p 轨道"肩并肩"重叠，形成 π 键，稳定性较差
环节三的设计意图：杂化轨道分析模型的再次应用，难度升级，学习 sp 杂化方式，深刻体会杂化轨道理论在解释分子结构方面的重要应用	

4.2　第二课时 预测分子结构——价层电子对互斥理论

第二课时教学过程如表 3-13 所示。

表 3-13　第二课时教学过程

教师活动	学生活动
环节一：解释 NH_3 和 H_2O 的分子结构	
【教师】（1）从 CH_4 的价层电子对数分析其分子结构。 （2）提出价层电子对互斥理论的具体表达。 【教师】用价层电子对互斥理论分析 NH_3 和 H_2O 的分子结构	【学生】（1）价层电子对数为 4，相互排斥，夹角最大为 109°28′，故 CH_4 为正四面体。 （2）聆听，体会

续表

教师活动	学生活动
环节一：解释 NH_3 和 H_2O 的分子结构	
【教师】点评学生分析结果，给出 CH_4、NH_3 和 H_2O 的键角，从而得出孤电子对—孤电子对斥力 > 孤电子对—成键电子对斥力≫成键电子对—成键电子对斥力的结论	【学生】（1）NH_3 的价层电子对数为 4，相互排斥为四面体，分子结构将一对孤电子对"隐身"，故为三角锥。 （2）H_2O 的价层电子对数为 4，相互排斥为四面体，分子结构将孤电子对"隐身"，故为 V 形。 【学生】聆听，体会
环节一的设计意图：通过学生熟悉的三种分子，初步体会价层电子对互斥理论及其要素	
环节二：预测分子及离子的结构	
【教师】发布任务：预测下列分子结构，并用磁力棒拼出相应的球棍模型。 （1）$BeCl_2$ 和 SCl_2； （2）BF_3 和 NF_3； （3）PCl_5 和 SCl_6。 【教师】（1）已知 CO_2 分子结构为直线形，你能得出什么结论？ （2）预测 SO_2 和 $SOCl_2$ 的分子结构。 【教师】预测 CO_3^{2-}、NO_3^-、NH_4^+ 的离子结构	【学生】用理论预测，并用磁力棒拼搭，深刻体会价层电子对互斥理论的预测功能。总结价层电子对分别为 2、3、4、5、6 时，分子可能的结构。 【学生】（1）体会价层电子对中成键电子对指的是成 σ 键电子对。 （2）体会陌生分子中孤电子对的寻找方法。 【学生】体会离子结构预测中确定孤电子对的方法
环节二的设计意图：价层电子对互斥理论的应用（成键电子对、孤电子对确定方法），深刻体会该理论在对陌生分子或离子结构预测方面的强大功能	
环节三：总结两个理论的联系	
【教师】以 NH_3 和 H_2O 为例，体会杂化轨道理论和价层电子对互斥理论的区别和联系	【学生】分析，价层电子对数决定分子空间构型，也决定杂化轨道数目，进而决定中心原子杂化方式
环节三的设计意图：深刻体会两个理论在分子结构研究中的区别和联系	

5. 教学反思

本单元教学设计了非常多的学生活动，学生通过完成难度层层递进的任务，思维得到了锻炼。整个单元教学环环相扣，学生参与度极高，收获很大。学生在此过程中，深刻体会化学理论的"滞后性"和"前瞻性"，既能从事实中给出合理的解释，也能预测陌生的物质，证据推理与模型认知的核心素养得到充分发展。

【案例分析】

本单元的教学是在生态·智慧课堂理论指导下设计完成的，是在物质结构与性质方面的一次大胆尝试。作为新增模块，其没有教学经验可以借鉴，但化学生态·智慧模型为我们指明了方向，结合课程内容特点，我们决定本单元教学重点为构建思维场和情感场。通过杂化轨道理论和价层电子对互斥理论的学习，学生更加深刻地体会到分子结构的成因和影响因素，以及理论在"解释"和"预测"微观结构方面的强大功能。这些都为学生的智慧生成奠定了坚实的基础。

■ 第 4 节　有机化学

碳原子的成键特点

李显伟

摘要：作为"认识有机化合物"中第一课时的新授课，本课程对学生学习有机化学起着至关重要的作用。首先给出有机化合物的定义和烃的概念，然后通过甲烷的教学素材，学生进行甲烷的空间结构、"碳四价原则"、键角特征的初步自主探究，再通过乙烷、乙烯、乙炔的教学素材学习它们的空间结构，碳与碳之间的三种成键方式，键角特征，饱和链烃（烷烃）、不饱和链烃（烯烃、炔烃）的定义，结构式与结构简式的书写及简单有机化合物的命名等基础知识，为后续学习有机化学奠定基础。

关键词：有机化学；碳原子；成键特点

1. 教学背景

（1）教学内容分析。

本课程是单元教学设计"认识有机化合物"中第一课时的新授课，是帮助学生理解有机化合物结构特点的重要基础知识。因此，本课程既包括对初中阶段有机化合物知识的复习，又通过学生自主搭建简单有机化合物分子结构模型，帮助学生在了解有机化合物化学式的层次上更进一步，认识有机化合物分子的立体结构，同时通过掌握的符号语言对这些立体结构进行描述。

本课程教学内容具体包括有机化合物的定义，烃的定义，饱和链烃（烷烃）、不饱和链烃（烯烃、炔烃）的定义，简单有机化合物的命名，甲烷、乙烷、乙烯、乙炔的空间结构、成键方式（"碳四价原则"，碳与碳之间可形成单键、双键、三键）、键角特征，以及结构式与结构简式的书写。

（2）学习者分析。

本课程对于高一年级学生而言，是进入高中阶段以后的第一节有机化学课。学生在学习本课程时，已经具备的知识基础主要为初中所学的常见有机化合物（甲烷、乙醇等），以及高中所学的原子结构、化学键的知识等，具体来说包括：①甲烷、乙醇等简单有机化合物的化学式；②碳原子的核外电子排布，碳在形成化合物时要达到八电子稳定结构；③甲烷分子中碳与氢原子之间通过共用电子形成共价键，甲烷的电子式、结构式。

依据《普通高中化学课程标准（2017 年版）》，学生在学完"认识有机化合物"以后，需要达到的具体学业要求主要包括：能辨识常见有机化合物分子中的碳骨架和官能团；能概括常见有机化合物中碳原子的成键类型；能描述甲烷、乙烯、乙炔的分子结构特征，并能搭建甲烷和乙烷的立体模型；能写出丁烷和戊烷的同分异构体。这意味着，在发展路径方面，学生需要以原子结构、化学键知识为桥梁，将认识水平从有机化合物分子组成层面提升至有机化合物分子结构层面。在发展路径方面，学生可能遇到的困难包括：①虽然知道碳原子的核外电子排布与形成化合物时的八电子稳定规则，但难以自主形成"碳四价原则"，对碳碳之间成键方式的多样性（单键、双键、三键、成链、成环）也难以自主概括归纳；②难以想象有机化合物的立体结构，也难以理解为什么不同种简单的有机化合物具有完全不同的立体结构，例如甲烷为正四面体分子，乙烯为平面分子，而乙炔为直线分子。这些难点将考验学生的归纳总结能力与空间想象能力。另外，本课程还涉及较多的新概念，例如烃、饱和链烃、烷烃、不饱和链烃、烯烃、炔烃等，需要学生通过实例熟悉和理解。

2. 学习目标

（1）"宏观辨识与微观探析"化学学科核心素养：①通过搭建甲烷分子球棍模型，建立甲烷分子的空间结构，发现"碳四价原则"，并以原子结构知识理论论证"碳四价原则"；②通过搭建乙烷、乙烯、乙炔分子球棍模型，建立乙烷、乙烯、乙炔分子的空间结构，体会碳原子丰富的成键方式，掌握用结构式与结构简式描述有机化合物结构的方法。

（2）"科学精神与社会责任"化学学科核心素养：通过列举日常生活中的有机化合物，体会有机化学对人类社会发展的重要贡献。

3. 学习重点难点

本课重点难点如下。

（1）碳原子的成键特点（"碳四价原则"、单键、双键、三键）。

（2）有机化合物分子空间结构。

4. 学习评价设计

学习评价设计如见表 3 – 14 所示。

表 3 – 14　学习评价设计

活动	目标	量规
回顾初中有机化合物知识	了解学生的有机化学基础	（1）能说出身边常见有机化合物的名称与用途。 （2）能准确说出甲烷与酒精的化学式
搭建甲烷分子球棍模型	了解学生对碳原子成键特点的认知程度	（1）能搭建符合"碳四价原则"的球棍模型。 （2）能从原子结构角度解释"碳四价原则"。 （3）能根据材料信息，准确判断甲烷分子立体结构为正四面体
搭建两碳原子烃分子球棍模型	了解学生对碳原子成键方式丰富性的认知程度	（1）能准确搭建乙烷分子球棍模型。 （2）能意识到碳与碳之间除了形成单键，还可能形成双键或三键，从而搭建乙烯、乙炔分子球棍模型。 （3）能根据已知信息，推断乙烯、乙炔分子中任意两个共价键之间的夹角

5. 教学过程

教学过程如表 3 – 15 所示。

表 3 – 15　教学过程

教师活动	学生活动
环节一：回顾初中有机化合物知识	
【教师】大多数含有碳元素的化合物属于有机化合物，请回忆初中化学知识，你身边哪些物质是有机化合物？它们有什么用途？ 【教师】PPT 上的有机化合物，你熟悉其中哪些物质的化学式？ 【教师】如果选择一个有机化合物，从它开始学习有机化学，你会选择哪一种物质？为什么	【学生】能源：天然气、石油；食品：油、蛋白质、糖；医药：酒精、阿司匹林；材料：塑料、橡胶。 【学生】甲烷 CH_4，乙醇 C_2H_5OH。 【学生】甲烷 CH_4，最简单

续表

教师活动	学生活动
【教师】甲烷是最简单的烃类物质，通过甲烷引出烃的概念——仅有碳和氢两种元素组成的有机化合物	

设计意图：

（1）通过列举生活中的有机化合物，引导学生认识有机化合物在生活中的重要作用，体会有机化学对人类社会发展的重要贡献。

（2）通过引导学生思考学习有机化学的起点，快速聚焦到甲烷这一核心物质，在为后续学习做铺垫的同时，也让学生体会到从简单到复杂的基本认识策略（少数初中化学基础不扎实的学生可能会在列举身边的有机化合物时，或者回忆甲烷、乙醇等简单有机化合物化学式时出现障碍，本环节亦可帮他们快速回忆起这些知识，为后续学习打下基础）

环节二：依据材料搭建甲烷分子球棍模型

教师活动	学生活动
【教师】我们常用球棍模型表示分子的空间结构，"球"代表原子，"棍"代表原子间的共价键。已知甲烷分子中存在 C—H 共价键，且所有的共用电子对均尽可能远离彼此，请各小组自行搭建甲烷分子球棍模型。 【教师】C 原子周围连接几个共价键？为什么？（如果学生回答 4 个 H 原子，则追问能不能只连接三个 H 原子，将第 4 个 H 原子连接 H 原子上？） 【教师】CH_4 分子的立体结构是怎样的？平面正方形与正四面体结构的 CH_4 分子，哪一种正确？如何判断共用电子对彼此之间的远离程度	【学生】小组搭建完成后展示分子模型，主要出现两种典型结构，一种为平面正方形结构，另一种为正四面体结构。 【学生】联系原子结构知识，想到 C 最外层有 4 个电子，为了达到 8 电子稳定结构，需要再共用 4 个电子，由此自行归纳出"碳四价原则"——有机化合物中，碳原子周围总是形成 4 个共价键；而 H 作为第一周期元素，最外层一个电子，稳定结构为 2 个电子，所以 H 只能形成一个共价键。 【学生】想到通过量角器测量相邻 C—H 键的夹角，发现正四面体结构中，相邻 C—H 键夹角约为 109.5°（109°28'），大于平面正方形结构的 90°，从而判断出 CH_4 分子的正确立体结构为正四面体

设计意图：

通过甲烷分子球棍模型的搭建活动，引导学生发现"碳四价原则"，并通过追问原因让学生意识到"碳四价原则"背后的原子结构本质；引导学生探索正确的甲烷任意 2 个 C—H 共价键之间的夹角，自主建立甲烷分子的正四面体结构；让学生意识到同一个原子周围的共用电子对彼此之间有尽可能远离对方的趋势，为后续自主搭建乙烷、乙烯、乙炔分子球棍模型做铺垫

环节三：自主搭建两碳原子烃分子球棍模型

教师活动	学生活动
【教师】碳原子不仅可以通过共价键与氢原子结合，还可以与其他碳原子结合。请各小组根据刚才学到的碳原子的成键特点，搭建尽可能多的两碳原子烃分子球棍模型。 【教师】最多能搭建几个两碳原子烃分子？化学式分别是什么	【学生】小组搭建完成后展示分子模型，有的小组搭建的分子模型多，有的小组搭建的分子模型少，且具有相同化学式的分子模型呈现键角特征不同的立体结构
【教师】C_2H_6 的化学名称是乙烷；C_2H_4 的化学名称是乙烯；C_2H_2 的化学名称是乙炔。乙烷、乙烯、乙炔分子中，共价键之间的夹角是多少？分子具有怎样的立体结构？ 【教师】指出乙烯实际的立体结构是平面型，学完后续的结构选修模块就会明白其中的道理。 【教师】比较乙烷、乙烯、乙炔的结构特点，你觉得哪些分子中的 C 原子可以继续结合 H 原子？最多能再结合多少个？ 【教师】顺势引出饱和链烃（烷烃）、不饱和链烃的概念，介绍不饱和链烃时引出烯烃、炔烃的概念。 【教师】如果这些有机分子参与化学反应，我们应该如何用化学符号语言来表示这些分子呢（化学式太简单，完全没有结构信息；结构式太复杂，写个反应多占地方）？引出有机化合物结构简式的书写方法。 【教师】"甲""乙"的命名是怎么来的？引出简单有机化合物的命名方法	【学生】意识到碳与碳之间不仅可以通过单键连接（共用 1 对电子），还可以通过双键（共用 2 对电子）或三键（共用 3 对电子）连接。 【学生】想到刚才学到的共用电子对彼此之间有尽可能远离对方的趋势，那么乙烷任意 2 个键之间的夹角应接近 $109°28'$，乙烯任意 2 个键之间的夹角应接近 $120°$，乙炔任意 2 个键之间的夹角应接近 $180°$。由此进一步归纳出：乙烷要确保键角，独立看其中 1 个碳，周围有四面体的特点；乙烯要确保键角，可能有两种立体结构，一种所有原子位于同一平面，另一种一侧碳氢原子平面与另一侧的碳氢原子平面有一定交角；乙炔是直线型分子，所有原子都位于一条直线上。 【学生】想到乙烷中的 C 原子无法再结合 H 原子，乙烯中的 2 个 C 原子最多还能结合 2 个 H 原子，乙炔中的 2 个 C 原子最多还能结合 4 个氢原子

设计意图：
（1）通过两碳原子烃分子球棍模型的搭建活动，让学生意识到碳原子的成键方式是非常丰富的，不仅可以通过单键连接，还可以通过双键和三键连接。
（2）学生通过环节二的铺垫，会有"同一个原子周围共价键有相互远离对方的趋势"的意识，这能帮助学生确定乙烷、乙烯、乙炔分子中共价键之间的夹角特征，从而自主建立乙烷、乙烯、乙炔分子的立体结构。
（3）学生会好奇如何判断乙烯分子的正确立体结构，对后续结构选修模块的学习产生兴趣。此外，本环节涉及较多的新概念与新方法，它们是通过比较甲烷、乙烷、乙烯、乙炔这些分子模型搭建的结果顺势引出的，而不是"开门见山"呈现的，学生会对获得新概念与新方法，从而产生需求与兴趣

续表

教师活动	学生活动

板书设计：

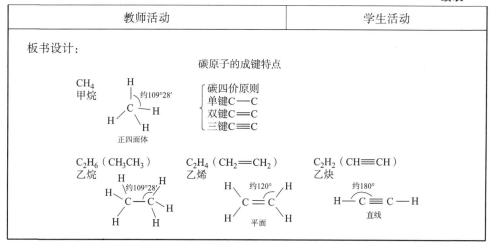

碳原子的成键特点

6. 教学反思

（1）本课程教学特色。

①在学习本课程之前，学生对有机化学的理解水平停留在有机化合物的化学组成上，对有机化合物具有立体结构是没有意识的。要想帮助学生完成从"关注组成"到"关注结构"的转变，必须让学生对有机化合物的立体结构有一个直观的认识。因此，本课程选择搭建有机化合物分子结构模型的活动，让学生亲自体验原子构成分子的过程，从而认识碳原子的成键特点、不同分子中共价键之间的夹角大小与立体结构。这同时培养了学生的空间想象能力，为后续"结构决定性质"观念的学习打下基础。

②本课程采用网络直播教学，借助智慧课堂直播平台与微信学习群，学生可以将自己搭建的有机化合物分子结构模型发到讨论区，方便学生之间讨论交流及教师点评。原子小球或化学键小棍模型不足时，也可用牙签、水果、软糖等代替，为教学活动增添趣味性。

（2）本课程的主要创新点。

让学生利用身边已有的材料，自主搭建甲烷、乙烷、乙烯、乙炔分子的球棍模型，帮助学生建立这几个分子的真实空间结构，培养立体想象力，并掌握碳原子的成键特点。

（3）反思与改进。

①在与学生互动过程中，教师不断追问学生思考依据、让学生思路外显的方式能帮助学生厘清知识点背后的逻辑，而不是让学生对知识点进行机械记忆。

②在授课内容包含较多新概念时，比起"开门见山"地罗列和辨析新概念，先创设情境设立问题，让学生有学习新概念的需求，从而引出新概念，这是更好的教学方式。

③在学生自行完成学习活动时，要即时给学生一定的提示作为思考的抓手，否则，难度过大的问题会让学生参与度降低。

④要注意课堂时间。本课时出现的超时问题，导致课程最后的知识点展开过快。在以后的教学设计中，最后的知识点可以安排到后续课时，或者对学生活动的时间分配进行调整。

⑤虽然学生自行搭建了有机化合物分子，明白有机化合物分子具有一定的空间结构，但笔者对于"有机化合物分子具有一定空间结构"这一认识强调不足，应该在课堂总结时，帮助学生归纳提取该知识。

【案例分析】

本课程的教学设计贯彻了生态·智慧课堂的要求：构建生命成长和智慧生成的场域。本教学设计通过"搭建简单有机化合物分子结构模型"，构建了思维场，不仅发展了学生的空间想象能力，帮助学生建立对有机化合物分子空间结构的认识，还帮助学生完成了分子模型与结构式、结构简式的相互转换。在搭建模型时，本教学设计并没有选择专业的有机分子模型搭建工具，而是利用软糖、牙签等家里常见的工具。这让学生在熟悉的生活场景中获得体验，在体验中成长，构建了生活场。在导入阶段，本教学设计让学生列举生活中的有机化合物，引导学生认识到有机化合物在生活中的重要作用，体会有机化学对人类社会发展的重要贡献，构建了情感场。本课程结束以后，学生收获了生命的健康成长，这是课堂的一切缘起和归宿——生命场。

化学键视角下的有机化学——卤代烃

白光耀

摘要：以高中选修有机化学卤代烃为例，以卤代烃的取代反应、消去反应、有机合成三个活动创建生活场和思维场，学生从极性键的角度深刻理解卤代烃中官能团的反应，并将其应用于化学反应的预测和实验证实中，智慧得以生成。

关键词：有机化学；卤代烃；取代反应；消去反应

1. 教学背景

（1）教学内容分析。

必修阶段的有机化学重点是研究几个代表物的性质；而选修阶段的有机化学重点则按类别来研究各种官能团的性质，利用已学的结构知识深入化学键层面来解读反应，要求更高，对反应的理解更加趋向其本质。

卤代烃是化学人教版选择性必修 3 第三章第一节的内容，起到承上启下的作用，是连接烃和烃的各种含氧衍生物的重要桥梁。有机化学最具魅力的是有机合成，引入卤原子在很多有机合成中都是重要步骤。卤代烃是有机合成中的重要中间体，是系统学习的第一类烃的衍生物。官能团是卤素原子（碳卤键）的化合物看似简单，但它有两个典型的有机反应——取代反应和消去反应。本部分内容重点强化了理论分析预测反应，设计实验来验证反应，突出有机化学中理论结合实验的重要性。

（2）学习者分析。

学生已经认识各种官能团，学习了烷、烯、炔和苯的同系物的结构和性质，掌握了不饱和键（碳碳双键和碳碳三键）是反应中心，知道基团间相互影响（如甲苯）对性质的影响，还知道从官能团和化学键变化角度来分析反应；学习了结构模块，以及原子结构和分子结构相关知识，知道共价键特点（键长、键能、键极性；σ 键和 π 键即键的饱和性），知道有机化合物中 π 键的反应活性，但学生尚未接触极性键及其影响所决定的性质，从结构来理解和预测性质和反应的主动性尚未形成，从官能团和化学键层面来解读有机化合物和有机反应的能力还需要进一步巩固和提高。

2. 学习目标

（1）以 1 - 溴丙烷为例理解卤代烃（—X）的性质，掌握取代反应和消去反应的基本特点、相同点和差异点；让学生明确化学变化中反应条件的重要性；从官能团和化学键角度分析性质；强化变化观念和平衡思想。

（2）实验探究 1 - 溴丙烷的取代反应和消去反应：探究过程、设计实验，体会系统分析，找到干扰并排除干扰，从而得出确切结论；明确在有机化学的学习中，实验验证和实验探究同样重要；培养学生的科学探究与创新意识。

3. 学习重难点

重点：1 - 溴丙烷的结构特点和主要化学性质。
难点：极性键的反应中心和键极性对性质的影响，设计实验探究。

4. 教学过程

教学过程如表 3－16 所示。

表 3－16　教学过程

教师活动	学生活动
环节一：学习卤代烃的取代反应	
【教师】展示 PPT：卤代烃在生活中的应用，包括运动场上伤员喷的氯乙烷、PVC 塑料等。 【教师】发布任务：预测下列反应的产物 $CH_3CH_2CH_2Br + NaOH \xrightarrow[\triangle]{H_2O}$? 【教师】引导学生再次从化学键角度进行分析。 【教师】发布任务：用实验验证上述猜想。 提出问题：如何设计实验证明 1－溴丙烷在 NaOH 溶液中发生了取代反应？ 【资料】AgBr 为淡黄色固体，$K_{sp} = 10^{-13}$，不溶于稀硝酸。 【教师】引导学生分析反应	【学生】体会卤代烃的重要性。 【学生】从官能团角度出发，预测出以下结果： （1）$CH_3CH_2CH_2OH + NaBr$； （2）$CH_3CH_2CH_3 + NaBrO$； （3）$CH_3CH_2CH_2Na + HBrO$； （4）$CH_3CH_2CH_2ONa + HBr$。 【学生】从官能团中化学键键极性角度出发（有机化合物和反应试剂），理论上认定（1）最可能正确。 【学生】讨论，提出验证方案：检验产物。 方法 1：分离并检验乙醇，可用质谱、红外光谱、核磁共振氢谱、酸性高锰酸钾溶液等。 方法 2：检验 Br^-，通过实验找到干扰离子 OH^-，加足量稀硝酸排除干扰。 【学生】完成分析任务。 （1）反应要点：反应物、试剂条件、产物、反应类型； （2）官能团变化：卤素原子（—X）→羟基（—OH）； （3）化学键变化：分析对比，得出为什么断 C—Br，得出极性键和键能对性质的决定作用，再由极性分析为什么连接—OH
设计意图 （1）培养巩固学生自主地将官能团作为反应活性中心来预测分析，进而体会从化学键角度来预测分析性质更加趋向于本质，且更准确。 （2）通过实验使学生意识到在有机化学的学习中，实验求证同样重要；在实验中锻炼学生设计实验的主动性，提升学生从反应体系中找干扰、排干扰的重要实验思想。 （3）分析官能团变化和化学键变化，突出极性键是反应活性中心之一	

续表

教师活动	学生活动
环节二：学习卤代烃的消去反应	
【教师】将上述反应体系的溶剂 H_2O 换成 CH_3CH_2OH，给出反应： $CH_3CH_2CH_2Br + NaOH \xrightarrow[\triangle]{CH_3CH_2OH}$ $CH_3CH=CH_2\uparrow + NaBr + H_2O$ 发布任务：分析上述反应。 【教师】给出消去反应定义；强调试剂条件（溶剂）对反应的影响；得出化学键极性的影响，强调化学键的相互作用（极性键的影响）也对性质产生影响。 【教师】发布任务：设计实验检验 1 - 溴丙烷在 NaOH 乙醇溶液中发生消去反应且生成丙烯	【学生】从环节一中学到的分析角度进行反应分析。 （1）反应要点：反应物、试剂条件、产物、反应类型； （2）官能团变化：卤素原子→碳碳双键； （3）化学键变化：断 C—Br 键和 β - H 键。 【学生】体会键极性在有机反应中的重要性。 【学生】讨论，提出验证方案。 方法 1：通入 Br_2/CCl_4，溶液褪色。 方法 2：通过酸性高锰酸钾溶液，溶液褪色；进一步得到乙醇能使酸性高锰酸钾褪色而造成干扰，并提出用水除去乙醇，排除干扰
设计意图： （1）理解消去反应这一个重要的有机反应类型。 （2）对比消去反应和取代反应在官能团变化和化学键改变上的不同点，体会反应试剂条件的重要性。 （3）锻炼并提高学生设计实验的能力和意识；全面分析体系中存在的离子，找到干扰并排除干扰	
环节三：卤代烃性质的应用——有机合成	
【教师】发布合成小任务： $CH_3CH_2Cl \longrightarrow HOCH_2CH_2OH$ 【教师】小结。 除了不饱和键，极性键也是反应的活性中心，键极性的影响也对反应有影响。重视反应条件，条件不同，官能团转化不同，断键方式不同。重视理论和实验相结合	【学生】讨论、分享、评价合成路线
设计意图： 熟练官能团转化，初步了解通过正推结合逆推的方法来进行有机合成	

5. 教学反思

本课程设计了很多师生、生生互动活动，通过开放性任务的设定，锻炼学生的思维，教师适当搭台阶进行点拨，环环相扣地展开教学活动，从反应的预测到实验证实，再到排除干扰，从官能团转化到化学键改变，再到键极性的影响，突出了有机化学学习中的理论指导和实验验证相结合。本课程设计的活动都是有效活动，学生积极参与。学生活动中体现了很好的学科素养和创新思维能力。

　　活动中能充分发挥知识的关联应用，即结构模块对有机化学学习的指导作用，在有机化学的应用中也巩固了结构模块，提升了学生学习有机化学的自信心。

【案例分析】

　　本课程的教学是在生态·智慧课堂理论指导下设计完成的，重点构建生活场和思维场。通过卤代烃的取代反应、消去反应、有机合成三个活动构建思维场，学生从官能团分析有机化合物性质，发展到从极性键分析有机化合物的性质，更加深入有机化学学习的本质，并通过实验进行验证，将理论与实践相结合，体会化学的独特魅力。在导入阶段，本教学设计展示了氯乙烷、PVC 塑料等生活中的卤代烃，引导学生认识到有机化合物在生活中的重要作用，体会有机化学对人类社会发展的重要贡献，构建了生活场。这些都为学生的健康成长保驾护航。

基于证据推理与模型认知的有机化学教学——以"醇的化学性质"为例

牛彩霞

　　摘要：以高中选修有机化学"醇的化学性质"为例，以"模型初建、模型修正、模型应用与证据推理"为主线，逐步构建"结构⇌性质⇌应用"的基本观念，形成基于官能团、化学键与反应类型认识有机化合物的一般思路，发展证据推理与模型认知的化学核心素养。

　　关键词：醇；化学性质；证据推理与模型认知

1. 教学设计思路

　　《普通高中化学课程标准（2017 年版）》指出发展学生化学学科核心素养反映了化学学科育人的基本要求，对学生未来发展具有重要价值[1]。其中，证据推理与模型认知旨在培养学生"基于证据对物质组成、结构及其变化提出可能的假设，通过分析推理加以证实或证伪，建立并运用模型解释化学现象，揭示现象的本质和规律"的能力[2]。

　　化学人教版选修 5"醇的化学性质"在高中有机化学体系中起着承上启下的

作用，是对必修阶段中乙醇性质的深入和延续，也为后续醛、羧酸、酯的学习奠定基础[3]。本课程设计"看、忆、析、猜、推"五个教学环节，层层深入，建立已学性质与结构之间的关联，形成认知模型，进一步应用该模型根据结构推测物质性质，逐步构建"结构⇌性质⇌应用"的基本观念，逐步发展学生证据推理与模型认知的化学核心素养。醇的化学性质教学设计思路如图 3 – 44 所示。

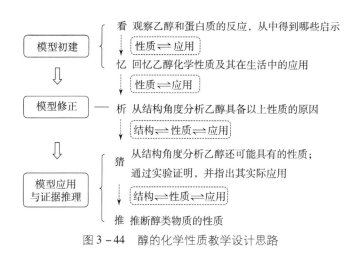

图 3 – 44 醇的化学性质教学设计思路

2. 教学实施过程

2.1 模型初建

2.1.1 看
教师：
（1）发布任务，观察演示实验，思考从中得到的生活启示。
（2）演示实验，将乙醇加入鸡蛋清中。
学生：
（1）观察现象，产生白色沉淀；得出结论，乙醇能够使蛋白质变性。
（2）生活启示，饮酒要适量，利用酒精消毒等。

2.1.2 忆
教师：发布任务，回忆曾经学过的乙醇的化学性质及应用，并进行展示。
学生：汇报、展示乙醇化学性质及应用。
教师：点评、补充、梳理、汇总学生展示结果（见表 3 – 17）。

表 3 –17　乙醇的化学性质及应用

序号	化学性质	实际应用（生活现象解释）
1	$2CH_3CH_2OH + 2Na \longrightarrow$ $2CH_3CH_2ONa + H_2 \uparrow$	—
2	$CH_3CH_2OH + CH_3COOH \underset{\triangle}{\overset{浓 H_2SO_4}{\rightleftharpoons}}$ $CH_3CH_2OOCCH_3 + H_2O$	炒菜时加入少量的料酒（含乙醇）和醋，可使菜变得香醇可口
3	$2CH_3CH_2OH + O_2 \xrightarrow[\triangle]{Cu 或 Ag}$ $2CH_3CHO + 2H_2O$	饮酒时，乙醇在人体内代谢路径如下： 乙醇 —乙醇脱氢酶→ 乙醛 —乙醛脱氢酶→ 乙酸 → 二氧化碳和水 有些人体内乙醛脱氢酶含量较少，乙醛代谢困难，滞留在体内的乙醛能够引起脸部毛细血管扩张，从而导致脸红
4	$CH_3CH_2OH + 3O_2 \xrightarrow{点燃} 2CO_2 + 3H_2O$	做燃料，如固体酒精、乙醇汽油等

设计意图：通过观察实验和回忆两个活动，唤起学生对乙醇化学性质及应用的记忆，初步建立有机化合物的认知模型"性质⇌应用"。

2.2　模型修正——析

教师：

（1）发布任务，从结构角度分析乙醇具有以上化学性质的原因。

（2）提供资料，乙醇中各原子电负性数值分别为 C—2.55，H—2.2，O—3.44。

学生：写出乙醇结构式，根据化学键不同对其进行编号，并对化学键的极性大小进行分析（见表 3 –18）。

表 3 –18　乙醇的结构和化学键分析

乙醇的结构	化学键	
H　H ② ① ⟍⟍⟍⟍⟍ H—C—C—O—H ④⟍ ⟍ ← ③ H ⑤ H	饱和极性键（易断）	①O—H 键，极性最大
		②C—O 键，极性小于①
		③α–C—H 键，极性小于①②
		④β–C—H 键，极性小于①②
	饱和非极性键	⑤C—C 键

学生：结合资料及乙醇结构，从化学键角度对乙醇化学性质进行分析，并汇报展示成果（见表 3 –19）。

表 3-19　乙醇的结构与化学性质

序号	化学性质	断键情况
1	与 Na 反应	①O—H 键
2	酯化反应	①O—H 键
3	催化氧化反应	①O—H 键和③α-C—H 键
4	燃烧反应	所有键

学生：完成任务，从结构角度分析乙醇、水与 Na 反应剧烈程度不同的原因（见图 3-45），并汇报成果。

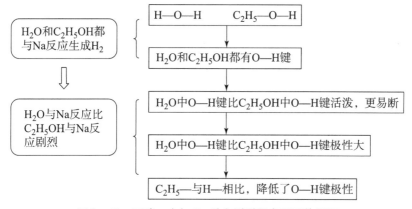

图 3-45　乙醇、水与 Na 反应剧烈程度不同的原因

教师：点评并总结，乙基是推电子基团，因此乙醇中 O—H 键的极性小于水中 O—H 键的极性。在有机化合物中，即使有相同的化学键，化学性质也不完全相同，化学键的活泼性会受邻近基团的影响。

设计意图：此环节是本课时的中心环节，通过关联乙醇的结构与化学性质，进一步完善修正有机化合物的认知模型"结构⇌性质⇌应用"，结构重点关注化学键的种类、饱和度、极性大小；进一步通过分析乙醇和水与 Na 反应剧烈程度不同的原因，让学生深刻体会结构分析中还应关注临近基团的影响。

2.3　模型应用与证据推理

2.3.1　猜

学生：完成任务，从结构角度分析乙醇还可能有哪些性质，汇报成果。

学生：化学键②C—O键会断，可能会发生取代反应。

化学键②C—O键和④β–C—H键断，发生消去反应。

教师：点评，补充，乙醇可以和HX在加热条件下发生取代反应；乙醇在浓硫酸加热到170 ℃时发生消去反应。

学生：完成以下方程式：

$$C_2H_5OH + HBr \xrightarrow{\triangle} C_2H_5Br + H_2O, \quad C_2H_5OH \xrightarrow[170\ ℃]{浓 H_2SO_4} CH_2=CH_2\uparrow + H_2O$$

教师：点评，乙醇与HX反应可以制备卤代烃，乙醇的消去反应可以用于实验室制备乙烯。

学生：设计实验发生装置为液体加热装置，筛选出用酸性高锰酸钾溶液或溴水检验乙烯，用排水法收集乙烯。

学生：观看视频，记录实验现象为反应烧瓶中溶液变黑。

学生：小组活动，讨论溶液变黑的原因为浓硫酸将乙醇碳化，与此同时，碳可能与浓硫酸反应生成SO_2和CO_2，其中SO_2会与酸性高锰酸钾溶液或溴水发生氧化还原反应，从而干扰乙烯的检验，选用氢氧化钠溶液进行乙烯气体的除杂。

教师：乙醇还能被酸性高锰酸钾溶液或酸性重铬酸钾溶液直接氧化为乙酸，并演示实验。

学生：观察、记录实验现象。

教师：补充实际应用，曾用于查酒驾过程中的酒精测试仪。

2.3.2 推

学生：完成任务，从结构角度分析醇类物质可能有哪些性质，并汇报成果。醇类物质的化学性质与结构分析如表3–20所示。

表3–20 醇类物质的化学性质与结构分析

序号	化学性质	反应类型	结构分析（断键位置）
1	与金属Na反应	置换反应	断O—H键
2	酯化反应	取代反应	断O—H键
3	与HX反应	取代反应	断C—O键
4	催化氧化（Ag或Cu催化）伯醇→醛；仲醇→酮；叔醇不反应	氧化反应	断O—H键和α–C—H键 α–C—H键个数为2、1或0

续表

序号	化学性质	反应类型	结构分析（断键位置）
5	与酸性高锰酸钾溶液或重铬酸钾溶液反应 伯醇→酸；仲醇→酮；叔醇不反应	氧化反应	断 O—H 键和 α‑C—H 键 α‑C—H 键个数为 2、1 或 0
6	浓硫酸加热反应 有 β‑C—H 键才可发生消去反应	消去反应	断 C—O 键和 β‑C—H 键 β‑C—H 键个数为 3、2、1 或 0
7	燃烧反应	氧化反应	断所有键

教师：总结、梳理学习有机化合物的基本思路和方法（见图 3 – 46）。

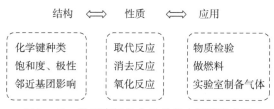

图 3 – 46　学习有机化合物的基本思路和方法

设计意图：作为上一环节的延续，根据结构与化学性质之间的关系，进一步猜想乙醇还可能具有的化学性质及实际应用。利用乙烯消去反应实验的杂质分析来充分培养学生证据推理的核心素养。在推测醇类物质化学性质的环节，充分体现"结构⇌性质⇌应用"这一模型的高阶应用，学生以乙醇为基础，充分关注醇类物质的结构，进而推出化学性质，高阶思维得到体现。

3. 教学反思

教师聚焦有机化学反应实质，引导学生逐步提高证据推理与模型认知的核心素养。在分析过程中，学生经过模型初建和修正，形成"结构⇌性质⇌应用"的有机化合物认知模型，并将其用于乙醇其他性质，以及醇类化学性质的预测，学生的高阶思维得到培养和发展。

【案例分析】

本课程的教学是在生态·智慧课堂理论指导下从有机化学方面进行的一次探索，全方位打造四个场域。通过"看、忆、析、猜、推"五个活动构建思维场、情感场和生活场，学生经历了模型初建、模型修正和模型应用环节，形成"结构⇌性质⇌应用"的有机化合物认知模型，赞叹有机化学在实际生活中的重要性，赞叹有机之美。整个课堂气氛融洽，形成了一个天然的生命场，学生沉浸其中，生命和智慧得以生长。

参 考 文 献

[1] 李俊. 普通高中化学课程标准（2017 年版）[S]. 北京：人民教育出版社，2018.

[2] 戴雨濛，吴新建，张贤金. 基于"证据推理与模型认知"的对话教学评析：以"乙烯与加成反应"教学为例 [J]. 化学教学，2019（7）：51 - 54.

[3] 宋心琦. 化学：有机化学基础（选修 5）[M].2 版. 北京：人民教育出版社，2007.

■ 第5节　化学与社会发展

高中化学项目教学案例——钢铁厂工业设计

李 晨

摘要： 生态·智慧课堂期望通过构建生活场、思维场、情感场和生命场实现学生的自我教育，完成生命的成长和智慧的生成[1]。项目式教学是旨在督促学生通过广泛深入地探究复杂真实的问题和精心设计的产品与任务而获得知识和技能的一种系统性教学方式[2]。可见，项目式教学可很好地实现生态·智慧课堂的目标。因此，项目式学习方式是生态·智慧课堂主要采取的形式之一。

"钢铁厂工业设计（第二课时）"是基于生态·智慧课堂的理念和项目式教学理论而设计和实施的化学人教版必修 2 第四章第一节《金属矿物的开发利用》的新授课教学案例。与以往仅仅围绕"金属冶炼原理"展开的系列教学活动[3-5]不同，本案例中学生还原了从铁矿石到钢的真实流程，并完成了以钢铁厂为核心的工业园区的设计，真正实现了资源的开发和综合利用。在完成项目任务的过程中，学生需综合应用氧化还原、元素化合物等学科核心知识，以及分类、分离提纯等学科思想，并贯彻"绿色化学"的学科理念。因此，本案例丰富了传统教学内容，帮助学生建立完整的金属冶炼产业园区的设计模型。

1. 生态·智慧课堂的基石——项目学习主题

项目学习主题的选取直接决定了生态·智慧课堂的实施效果。主题需具有真实性，并体现学科核心素养及核心知识在社会发展中的实际应用价值。

1.1　创建生活场——项目主题选取的真实性

学生于 2018 年 4 月 8 日参观了唐山燕山钢铁有限公司，重点观看了转炉炼铁及轧钢过程，对整个炼钢流程充满好奇与期待（视频来源于优酷官网的《炼钢》视频）。

1.2　创建思维场——教学内容对学生学科核心素养发展的价值

从学科核心素养发展的角度看，"钢铁厂工业设计（第二课时）"不仅发展了学生的"变化观念与平衡思想"，关键是在解决实际问题中，学生切实应用了"科学态度与社会责任"和"科学探究与创新意识"等学科素养。从学生的学科能力发展来看，通过自主设计钢铁厂的生产流程和工业园区，学生在面临其他复杂的工业流程问题时，可迅速抽离出"主产品的分离提纯""副产品的回收利用"等学科问题，并自主调用氧化还原、元素化合物、绿色化学等知识解决问题。

1.3　创建情感场——学科核心知识在社会发展中的实际应用价值

如何平衡社会发展对钢材的需求与保护环境和节约能源之间的关系成为当前时代的考验[6]，而化学学科在解决该问题中可起到重要作用。

在炼钢行业中，钢铁质量是产业的核心竞争力。影响钢铁质量不合格的因素有多种，如化学元素含量、机械性能及内部缺陷超声波探伤等[7]。依据课标和发展核心素养的需求，将"控制化学元素含量"作为学生项目式学习中的一项任务，即控制钢铁中的有害元素包括 C、S、P 等的含量。这涉及铁矿石的预处理，以及后续对生铁的再处理等。

1.4　学情分析

学生于 2018 年 4 月 8 日参观了唐山燕山钢铁有限公司，重点观看了转炉炼钢及轧钢过程，对整个炼钢流程充满好奇与期待。随后，对学生进行问卷调查，摘录四位学生对"（3）你对解决哪些问题兴趣最大？"的回答，如图 3 – 47 所示。其中，最感兴趣的两个问题分别为：如何由铁炼钢；如何解决废气污染问题。

(3)你对解决哪些问题兴趣最大?
① 如何脱碳
② 操作上的危险
③ 流程的衔接
④ 减少污染

(3)你对解决哪些问题兴趣最大?
① 怎样用更便宜的原材料做出质量更好的钢铁
② 怎样让废弃物对环境造成的污染最低
③ 寻找到合适的催化剂（如有）提高效率

(3)你对解决哪些问题兴趣最大?
① 废气处理
② 如何把金属塑造出想要的形状

(3)你对解决哪些问题兴趣最大?
① 钢铁含碳量不同造成的化学性质差异
② 转炉选用的材料
③ 解决污染的方法
④ 氧气供应对炼钢的影响
⑤ 钢的含硫量的差异
⑥ 高炉的转化率
⑦ 炉渣的重复利用
⑧ 车间之间的衔接
⑨ 铁的转化率
⑩ 完全分离碳 *[填空题]

图 3 - 47　问卷调查摘录

在该阶段，学生已完成必修 1、必修 2 中的关于部分无机化合物性质、氧化还原反应、化学反应与能量、化学反应速率和化学平衡等相关内容的学习。但大部分学生的学科能力水平仅停留在学习理解层面，很少有针对复杂情景的应用实践，更少有机会实践迁移创新。

基于以上学情，在"钢铁厂的工业设计（第二课）"时中，首先，通过简单任务帮助学生建立知识体系；其次，通过较难任务检测知识、培养思路；最后，通过综合性问题，落实化学思维——通过物质转化促进社会和自然的和谐发展。

在本课时，学生可能遇到的问题为利用元素化合物知识解决除杂问题。除杂需要考虑反应的选择性，以及产物是否易从主体系中脱离等。这对学生而言难度较大。

1.5　项目学习目标

（1）通过经历真实问题解决过程，熟练掌握典型元素化合物（SO_2等）的重要性质。（必备知识和技能基础）

（2）通过对钢铁厂工业流程中炼钢环节的讨论，巩固学生认识物质化学性质的三个角度，并帮助学生建立除杂的基本思路，即确定杂质元素→确定元素存在形态→依据物质性质选择化学/物理方法。（宏观辨识与微观探析）

（3）通过对副产品回收利用方案的设计和优化，学生学会综合应用认识物质化学性质的三个角度，并依据性质进行用途的创新性设计。（变化观念和创新意识）

（4）通过对整个钢铁厂工业流程的设计，建立一般化工厂工业流程设计的模型，实践"绿色化学"理念。（模型认知、科学精神与社会责任）

1.6 学习重点难点

（1）学习重点。

复习巩固相关元素化合物知识，并应用认识物质的三个角度解决复杂情境问题；掌握金属冶炼的基本流程；建立"绿色化学"的理念。

（2）学习难点。

利用元素化合物知识解决除杂和副产品综合利用的问题。

2. 生态·智慧课堂的构建——项目学习规划

该项目学习过程包括 4 个核心环节：拆解任务；原料预处理；产品的分离提纯、副产品的综合利用。为使学生能够顺利完成学习活动，将部分环节进行细分，具体流程如表 3–21 和图 3–48 所示。

表 3–21 "钢铁厂工业设计"项目学习流程

环节	项目式学习活动	驱动性问题	能力任务	教学目标
环节一	1. 拆解任务 1.1 明确高炉排出的物质 1.2 明确建立钢铁厂的两大任务	在核心反应设备——炼铁高炉的基础上，若要建立钢铁厂，仍需解决哪些问题	（推论预测）利用化学平衡原理、物质性质及类别学习法推断高炉排出的物质	（1）锻炼应用化学平衡原理、物质性质、类别学习法分析实际反应中的杂质和副产品的能力。 （2）拆解任务，初步建立工业生产流程的两大任务：产品的分离提纯和副产品的综合利用
环节二	2. 建立钢铁厂 2.1 由铁炼钢 2.2 铁矿石的预处理	（1）如何去除铁水中的杂质？ （2）烧结属于哪个环节？其作用是什么	（辨识记忆、简单设计、复杂推理）提取视频中有关除杂的信息，结合物质性质、氧化还原原理进行简单的除杂设计； （分析解释）依据化学原理知识和烧结图分析烧结的作用	（1）形成利用物质性质解决实际除杂问题的基本思路。 （2）锻炼提取信息的能力。 （3）建立工业生产流程模型：在核心反应——高炉炼铁（第一课时）之前需进行原料的预处理，之后需进行产品的分离提纯。 （4）该环节要求学生自主运用认识物质性质的三个角度，是对上一环节的提升

续表

环节	项目式学习活动	驱动性问题	能力任务	教学目标
环节三	3. 建立以钢铁厂为核心的工业园区 3.1 小组设计 3.2 评价方案	如何实现副产品的综合利用	（系统探究、创新思维）依据物质性质进行用途的创新性设计，完善工业园区的系统性设计，并进行小组间的评价反思	（1）应用认识物质的三个角度进行性质回忆和汇总，并进行用途创新设计。 （2）建立工业生产流程模型：获得产品，需实现副产品的回收利用，实践"绿色化学"的理念
小结	4. 回顾钢铁厂工业流程的设计过程，总结经验	建立化工厂，我们需要考虑哪些问题呢	（说明论证）构建化工厂生产流程的设计模型，并从理论和实际等角度优选设计方案	建立化工厂生产流程的设计模型，以及优选方案的思考角度

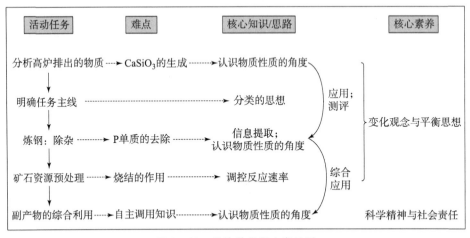

图3-48 具体的教学内容关系

3. 生态·智慧课堂的实施——项目学习真实情景展现

呈现项目活动过程中的师生关键行为，从行为记录中分析活动实施的效果。

3.1　拆解项目

教师讲解，提出驱动性问题：我们上一课时一起设计了炼铁高炉，本课程以此为起点，分析炼铁高炉（见图 3 - 49）排出的物质，并完善整个炼钢流程。

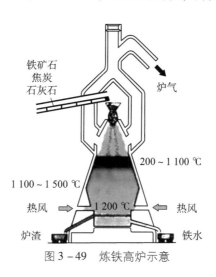

图 3 - 49　炼铁高炉示意

布置任务：请各小组同学利用"资料卡片"提供的信息，结合对元素化合物的认知，分析高炉每个出口排出的物质可能含有什么，并说明理由。

资料卡片

（1）铁矿石中含有 SiO_2 及一些含 S 元素的物质，其中某些含 S 元素的物质在空气中受热可释放 SO_2。

（2）实验室中的化学试剂 $CaCO_3$ 在 420 ℃时便可分解，工业上的分解温度一般在 1 300 ℃以下[8]。

学生以 4 人小组的方式展开讨论，填写学案，之后进行小组汇报和交流。

学生 A 分析结论：炉气中有 CO_2、CO、N_2、O_2、SO_2；核心反应是 CO 与 Fe_2O_3 的反应，CO 可能会过量，CO_2 是反应的产物，而且焦炭可以和氧气反应生成 CO_2；N_2 和 O_2 来源于空气；依据学案中的资料，可知排放物中含有 SO_2。

学生 B 补充：CO 与 Fe_2O_3 的反应是一个可逆反应，CO 是反应物，一定会有剩余。

教师概括分析角度和思路：首先分析核心反应，即 CO 与 Fe_2O_3 的气固相还原反应。在工业上，常用 CO 利用率来衡量在高炉炼铁过程中高炉内气固相还原反应中 CO 转化为 CO_2 的程度，即炉顶煤气中 CO_2 的含量除以炉顶煤气中 CO 和 CO_2 含量总和。在先进高炉上，CO 利用率可达 $0.5 \sim 0.54$，而生产情况差的高炉这一数值只能达到 $0.3 \sim 0.4$[9]。CO 利用率越高，说明炉内能量的利用率越高。该核心反应是一个可逆反应，所以反应物 CO 一定有剩余。另外，气固两相的反应也易反应不完全。

出于经济因素考虑，工业中往往利用空气代替氧气，但这样难以避免的是空气中的 N_2 等杂质气体会携带大量的热量离开高炉。

除了主反应外，我们还会发现焦炭中的含硫杂质可与氧气反应生成 SO_2。也就是在工业生产中，原料极有可能还有杂质，分析时需要多加注意。

学生 C 分析结论：炉渣中可能还有 $CaCO_3$ 和 $CaSiO_3$。因为上一课时学习高炉内反应时，有资料提示，SiO_2 可以和 $CaCO_3$ 反应，生成 $CaSiO_3$ 和 CO_2。

教师追问：请问你可以从认识陌生物质的角度出发，推测 SiO_2 与 $CaCO_3$ 是否反应吗？

学生 C 继续回答：SiO_2 可能属于酸性氧化物，类似于 CO_2。但 CO_2 与 $CaCO_3$ 的反应产物是 $Ca(HCO_3)_2$。

学生 D 补充：高炉中温度很高，碳酸钙可能先分解为 CaO 和 CO_2，CaO 是碱性氧化物，它可以和 CO_2 反应，生成 $CaCO_3$。

教师总结思路：预测陌生物质的性质时，我们可以从类别通性、氧化还原和特殊性三个角度进行预测；另外，在高炉中，我们需要关注反应发生的环境，也就是高温环境。实验室中的化学试剂 $CaCO_3$ 在 420 ℃时即可分解，工业上的分解温度一般在 1 300 ℃以下；由此，我们可推测 SiO_2 与 $CaCO_3$ 在高炉中的反应产物为 $CaSiO_3$。

学生 D 继续回答：铁水中含有 Fe，Fe 是还原产物。

学生 E 补充回答：排出的物质中还应含有碳，因为焦炭进入高炉中，首先燃烧反应提供了高温，C 与 O_2 反应生成 CO_2，CO_2 再与 C 反应，生成 CO，也就是焦炭应该是过量的。

教师总结，提出理解型问题：如果你是工程师，如何对高炉排出物进行分类？

学生回答：有用的和没用的。

教师总结：对，这就是我们本课时的两大任务，第一，如何由铁水获得符合质量要求的钢；第二，如何回收利用副产品。

分析点评：本环节中，学生主要进行说明论证和分析解释等能力活动，体现的问题有①较难主动从可逆反应的角度得出产物中存在 CO 的结论；②缺乏应用认识物质的三个角度预测反应的意识。通过该环节的讨论及师生互动，学生可再次巩固认识反应和物质的角度。

本环节渗透了生态·智慧课堂的两个特点——师生共生和动态转化。通过师生互动的问答形式，学生不断得到新的启发，巩固了认识物质和化学反应的多个角度，并可切实感受到生产实际中反应物的选择、温度的控制都是科学和智慧的结晶，从而认识到化学的学科价值。

3.2　完善炼钢流程，由铁水获得钢

教师讲解，提出驱动性问题：首先解决第一个问题，如何由铁水获得钢。

布置任务：小组合作，请参考视频，设计炼钢过程中除去铁水中所含杂质的方案。

学案内容：

(1) 由铁水到钢需除去的杂质：＿＿＿＿＿＿＿＿＿＿＿＿＿＿＿＿＿＿＿＿＿

(2) 视频中提及的控制钢中 P 含量的两种方法：＿＿＿＿＿＿＿＿＿＿＿＿＿＿

(3) 设计铁水中杂质的去除方案：＿＿＿＿＿＿＿＿＿＿＿＿＿＿＿＿＿＿＿＿

知识支持：

(1) 在铁水中，C 元素的存在形态为碳化物或单质，S 元素的存在形态为硫化物，N 元素的存在形态为氧化物。以上元素的氧化物均为气态。

(2) 在铁水中，P 元素的存在形态为单质，其氧化物为固态。

(3) 高温下，碳的还原性强于铁。

学生继续以 4 人小组的方式展开讨论，填写学案，设计除杂方案。

学生汇报设计结果 1：加 NaOH，除去 P 的氧化物。

学生汇报设计结果 2：视频中提到 P_2O_5 可以被 C 还原，说明 P 元素在铁水中其实是 P 单质。所以先通氧气，使磷变为氧化磷，可能氧化磷的密度比铁水小，不互溶，易被去除，或者加水看看能不能去除。

学生汇报设计结果 3：通氧气，C、S、N 元素都变成气体消失，P 元素变成固体 P_2O_5，再加 NaOH 除去 P_2O_5，Na_3PO_4 可能溶点和沸点比较高，不是液态，又不能溶解在铁水中，所以可以过滤去除 Na_3PO_4。

学生汇报设计结果 4：视频中用 $Ca(OH)_2$ 除去 P_2O_5。

教师概括总结，提出分析型问题：我们去除某种元素时，首先要明确该元素以何种形态存在。利用物质的性质，选择除杂试剂，最终结合生产实际的经济原因等，选择最佳除杂试剂。$Ca_2(PO_4)_3$ 的熔点在 1 391 ℃ 左右，高于铁水的温度，以固态形式存在，所以可以除去。请问为何我们要控制钢中的碳含量？

学生回答：碳可以和铁在潮湿环境下形成原电池，加速铁的氧化。

教师继续追问：完全去除铁水中的碳，纯铁是否是最好的？

学生回答：不是，纯铁质地较软。

教师概括总结，提出驱动性问题：合金中元素的含量需控制在某个范围内，例如钢，若碳含量过高，则质地脆，易生锈；若碳含量过低，则质地软（展示学生在钢铁厂观看转炉炼钢时的照片，见图 3 – 50）。在实际生产中，炼钢师傅可以通过观测火焰颜色来判断钢水中碳含量的多少，由此决定何时可以结束炼钢环节。去除有害元素的同时，我们可以添加有益元素来调节钢的性质，例如 Si、Mn 等（见图 3 – 51）。视频中还提到了其他控制 P 含量的方法——选择磷含量较少的铁矿石，即选矿环节。除此之外，真实的炼钢流程中，还有一个烧结环节。可以将铁矿石粉转变为多孔状的烧结矿。请大家依据资料推测，该环节位于炼钢流程的哪个部分。

（a）   （b）

图 3 – 50　学生在钢铁厂观看转炉炼钢时照片

（a）转炉炼钢倾倒产品——钢；（b）炼钢师傅通过观测火焰颜色判断钢的品质

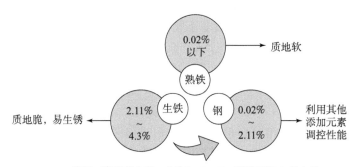

炼钢：降低碳含量，去除 S、P、N，调整 Si 和 Mn 的含量

图 3 – 51　由铁水到钢的过程中，元素种类和含量的变化

资料 1：

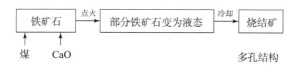

资料 2：烧结后的铁矿石如图 3-52 所示。

图 3-52　烧结后的铁矿石

资料 3：铁矿石中含有 SiO_2 及一些含 S 元素的物质，其中某些含 S 元素的物质在空气中受热可释放 SO_2。

学生 A 回答：烧结后的铁矿石为多孔结构，可以增大与 CO 的接触面积，提高反应效率。

学生 B 回答：烧结前，加 CaO 是为了去除烧结过程中产生的 SO_2 等杂质，防止污染空气。因此，烧结还有助于铁矿石在进入高炉前先除去一部分的含硫杂质。

教师总结概括思路：原料在发生核心反应之前，需要进行预处理，如去除杂质、改变形貌等；发生核心反应之后，需要进行产品的分离提纯。

环节点评：本环节中，学生的能力活动类型主要为推论预测和简单设计，体现的弱点有①视频信息提取困难；②除杂过程中不考虑元素的存在形态。通过师生对话，学生可意识到关注元素存在形态的重要性，梳理除杂思路，并再次应用元素化合物知识解决实际问题。

学生在该环节第一次意识到炼钢过程的复杂性，但同时经历了将复杂问题结构化的思路历程：原料预处理—核心反应—产品分离提纯。此时，学生收获的是一个金属冶炼甚至其他物质生产的思维模型，以及将复杂问题结构化的思考方式。除了对核心问题的思考外，在炼铁细节上的探讨，也令学生收获颇丰。例如，在讨论碳含量的控制时，学生的辩证思维得到了锻炼；在回忆炼钢师傅通过观测火焰颜色判断炉温时，学生感慨生产或生活与知识结合才能产生智慧；等等。

3.3 建立以钢铁厂为核心的工业园区

教师讲解，提出驱动性问题。1991—2017 年，钢铁行业耗能占中国工业耗能总量的比例一直呈上升趋势，其中 2017 年占比达 14.4%[10]。如何降低能耗成为钢铁行业的一大挑战。另外，同样要引起重视的是炼钢引发的环境污染问题。冶金行业排污量在整个工业企业排污量中占比很高，其污染物主要有废水、SO_2、粉尘等。例如在 2008 年，SO_2 的排放量占工业总排放量的 9% 左右。对炼钢副产品的综合利用可以在一定程度上解决以上问题。

布置任务。以小组为单位设计一个以钢铁厂为核心的工业园区，实现对副产品的综合利用。要求写出每个工厂的主要产品及原料，绘制并展示海报，提出评价方案。

副产物如下。

烧结烟气主要成分：SO_2；

炉气的主要成分：CO、CO_2、SO_2、N_2；

炉渣的主要成分：$CaSiO_3$（1 100 ℃）。

资料：炉渣的成分与普通水泥的成分相近。

学生以 4 人为一小组，展开讨论，绘制海报。

小组展示 1 ［见图 3-53 （a）］：CO_2 和 CO 可以返回高炉中重新回收利用。N_2 可以用来生产麻醉剂 N_2O，以及制作液氮和硝酸。SO_2 具有漂白性，可以送入造纸厂重新利用。SO_2 还具有还原性，可以用来生产硫酸。炉渣可以送到水泥厂。

小组展示 2 ［见图 3-53 （b）］：SO_2 是环境污染物，必须想办法吸收利用。我们第一个想到的是建硫酸厂。第二个就是之前学过的工业制备溴（Br_2）。因为在海水提 Br_2 过程中用到 SO_2 与 Br_2 反应，产生的 H_2SO_4 又可以直接送到硫酸厂。CO 是很好的燃料，可以送到煤气厂，CO_2 可以直接通入高炉中重新利用。N_2 不是环境污染物，可以直接排放到空气中。要想利用 N_2，可以送到液氮厂，制备氨气（NH_3）、制备硝酸（HNO_3）、制备肼（N_2H_4），作为火箭燃料等。

评价方案 1：这两个都是理想的方案，但在实际应用中还要考虑每种物质的纯度，例如 SO_2 是和 CO 等气体一起排出来的，在进入硫酸厂前是否需要分离提

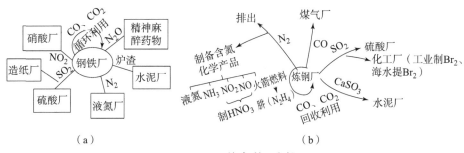

图 3 - 53　综合利用海报

纯呢？如果需要，成本不就增加了吗？

评价方案 2：这些物质可以制备想要的产品，但是不是最好的原料呢？例如制备 HNO_3，原料可以用 N_2，但是 N_2 化学性质特别稳定，在制备过程中可能会消耗大量的能量。

教师总结：我们应根据物质的性质确定合适的用途，也就是性质决定用途。我们设计的工业园区实现了物质和能量的重复利用，这就是在践行"绿色化学"的理念。但这都是理想化的设计，我们在实际中还要考虑建厂成本，包括原料的分离提纯成本、反应耗能等，以及产品的社会价值、工厂之间是否可以实现物质的循环利用等，最重要的是要考虑环保因素等。通过这一课时的学习，我们了解了钢铁厂的生产流程，那么对于建造硫酸厂，相信大家也有思路了。我们首先要选择原料，并对其进行预处理，然后开始核心反应，最后进行产品的分离提纯。这个过程中，我们还要关注副产品的综合利用，降低生产成本，减少环境污染，实现"绿色化学"。

环节点评：本环节是本课时的升华，是一个发挥学生创新思维能力，以及培养学生社会责任感的活动。学生本以为已经成功实现了金属冶炼，却惊讶地发现，炼铁过程存在种种环境污染和能源浪费的现象。带着责任感，学生开启了建立工业园区之旅。在这个过程中，学生首先需要自主建立物质间的转化关系，然后由其性质联想到应用，并从实际生产和应用等多角度评价园区设计方案。学生从中锻炼了创新性思维和批判性思维。这体现了生态·智慧课堂的一大特性——创造性。

【案例分析】

本课程的项目素材取自学生的实践活动——参观唐山钢铁厂，课堂中的项目任务源于实际冶炼中的关键步骤，课堂中的活动主要以小组讨论和师生互问互答为主，这充分体现了课堂的"实践性"；课堂环节所体现的能力活动层层递进，学生在上一环节所学可应用到下一环节的问题解决中，学生复习了元素化合物的知识，巩固了认识物质的三个角度，建立了设计化工厂的思维模型，这体现了课堂的"科学性"；课堂任务由简单的设计升级到最后的创新设计，这体现了课堂的"创造性"。学生在整个课堂中，完成了从知识到技能，再到情感层面的自我教育，最终获得生命成长和智慧生成。

参 考 文 献

[1] 熊永昌. 构建"卓越担当"课程　探索"生态·智慧"课堂 [J]. 北京教育（普教版），2017（5）：12 – 14.

[2] 孙思佳. 项目式学习研究的文献述评 [J]. 科教文汇，2019（451）：54 – 56.

[3] 高修库. 促进"元素观"发展的教学设计：以"金属矿物的开发利用"为例 [J]. 化学教与学，2016（3）：68 – 71.

[4] 吴晗清. 基于 ATDE 的项目式化学教学模式探析：以"从铝土矿到铝合金"为例 [J]. 化学教学，2019（2）：36 – 40.

[5] 丛高. 基于培养学科核心素养的教学实践和反思：以"开发利用金属矿物和海水资源"为例 [J]. 化学教与学，2016（11）：52 – 55.

[6] 孙德杨. 长箐方解石矿的矿产资源开发与生态环境保护耦合分析 [J]. 西部资源，2019（2）：200 – 201.

[7] 康永平，强彬，李锋，等. 国产钢材在当前钢结构建筑中的应用及质量现状研究 [J]. 施工技术，2017，46（S2）：480 – 483.

[8] 刘怀乐. 碳酸钙的热分解温度是多少 [J]. 化学教育，2009，30（7）：73.

[9] 《中国冶金百科全书》编辑部. 中国冶金百科全书·钢铁冶金 [M]. 北京：冶金工业出版社，2001.

[10] 张寿荣. 进入 21 世纪后中国炼铁工业的发展及存在的问题 [J]. 炼铁，2012，31（1）：1 – 6.

基于素养为本的教学设计与实施——以"探秘含氯消毒剂"项目教学为例

郭富丽，王淑娟

摘要：以"探秘含氯消毒剂"为项目创建化学生态·智慧课堂，进行深入学习含氯物质及其性质的应用。在生活场、思维场、情感场和生命场四个场域中，通过"探秘含氯消毒剂"项目学习引导学生进一步从物质转化的角度应用含氯物质及其性质解决生活中的实际问题，提高了学生应用化学知识解决实际问题的能力，培养了学生的高阶思维。本文呈现了以项目学习方式开展的教学设计思路和教学实践过程，为教师开展项目学习教学实践提供参考。

关键词：项目教学；高中化学必修 1；含氯消毒剂；教学案例

1. 项目设计思路

项目教学是师生通过共同实施一个完整的项目而进行的教学活动，能够在课堂教学中把理论与实践教学有机地结合起来，充分发掘学生的创造潜能，因此对培养学生的实践应用及迁移创新能力有着独特的功能和价值[1]。在素养导向的高中课程改革背景下，项目教学越来越受教师的认同和重视。在高中化学课程中尝试采用项目学习的方式开展教学，能使学生体会化学学科的"有趣"和"有用"，感受化学的学科魅力及应用价值，让学生徜徉于生活场、思维场、情感场和生命场中。

本项目"探秘含氯消毒剂"就是基于项目学习理论而设计和实施的化学人教版必修 1"富集在海水中的元素——氯"的教学。"氯及其化合物"是高中化学必修课程中的核心内容之一，是高中一年级学生学习的重点内容。氯元素是典型的非金属元素，氯气和含氯化合物在生产、生活中应用广泛。本项目依据课程标准"能从物质类别和元素价态变化的角度，预测物质的化学性质和变化，说明物质的转化路径"的要求，以"探秘含氯消毒剂"这个情境为载体，发展学生对物质及其转化思路的认识水平，发展学生将物质性质和物质用途关联的社会价值水平，提高学生解决实际问题的能力水平。与以往传统教学模式不同，本项目通过"探秘含氯消毒剂"引导学生进一步从物质转化的角度应用含氯物质及其性质解决生活中的实际问题。本项目分为两个子项目，子项目一围绕含氯消毒剂氯气，建立学生"学习工作坊"，课前将氯气的科学史实、我们周围的氯元素、氯的安全及合理使用等素材以资料的形式发给学生，通过小组合作利用交互空间在线提问和交流，让学生对含氯物质有感性的认识。通过预测氯气性质、实验探究、拓展迁移三个层次的教学实施，学生建立了元素化合物研究思路、运用化合价—物质类别二维图来完善含氯物质之间的转化关系，在学习中渗透核心素养的培养。子项目二围绕含氯消毒剂 NaClO 设计活动，从物质类别和元素价态变化的角度设计制备 NaClO 的方案，实验探究含氯消毒剂——预测并验证 NaClO 的化学性质，理解含氯消毒剂的使用，根据 NaClO 的化学性质分析消毒剂的使用原则和方法，制作家用消毒剂的说明书。

2. 项目学习目标

本项目重点发展学生"宏观辨识与微观探析""证据推理与模型认知""科学探究与创新意识""科学精神与社会责任"的化学学科核心素养[2]。

（1）通过理论分析和实验探究氯气的主要化学性质，初步形成基于物质类别、元素价态和原子结构对物质的性质进行预测和检验的认识模型。

（2）通过认识含氯物质及其转化关系的过程，建立物质性质与物质用途的关联；通过从物质类别和元素价态变化的角度设计制备 NaClO 的方案，发展学生对物质及其转化思路的认识水平，实现"证据推理与模型认知"和"宏观辨识与微观探析"学科素养的发展。

（3）通过探究 NaClO 的化学性质，形成基于物质类别和元素价态对物质性质进行预测和检验的认识模型，实现"科学探究与创新意识"和"证据推理与模型认知"学科素养的发展。

（4）通过自制家用消毒剂及制作说明书，发展学生解决问题的能力和认识化学价值的水平，实现"证据推理与模型认知"和"科学精神与社会责任"学科素养的发展。

3. 项目实施过程

3.1 子项目一

3.1.1 小组汇报课前任务中含氯物质的转化关系

课前发给学生的资料包括氯气的科学史实、我们周围的氯元素、氯的安全及合理使用，让学生从中找到含氯物质并进一步找出含氯物质的转化关系。

学生活动：学生课前预习，以海报的形式找到含氯物质，并进一步找到含氯物质的转化关系。

学生汇报：根据化合价—物质类别二维图，学生汇报含氯物质的转化关系。

设计意图：引导学生从基于经验事实预测物质的性质到基于物质类别、化合价预测物质的性质。

3.1.2 从化合价—物质类别二维图认识氯气的化学性质

学生活动：分别从物质类别、化合价两个角度深入认识氯气的化学性质，为后续预测和认识陌生物质的性质做铺垫。

总结：氯气的化学性质如图 3－54 所示。

设计意图：考查学生基于资料总结归纳的能力，发展并诊断学生认识物质性质的结构化水平，从化合价和物质类别两个角度加以梳理，并概括其性质。

3.1.3　实验探究氯气与水的反应

创设情境：创设自来水厂消毒杀菌的情境，讨论分析氯气溶于水的过程中可能发生的变化。

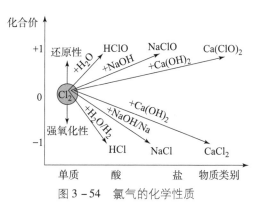

图 3－54　氯气的化学性质

学生活动：预测氯气与水发生化学变化，实验验证氯气与水反应有酸性物质生成。根据实验过程中的异常现象（紫色石蕊溶液先变红后褪色），提出问题——可能是哪种物质起消毒杀菌作用？设计实验确定氯水中起消毒杀菌的物质。

教师支持：播放自制视频——氯气对干湿红色布条的漂白效果。

实验总结：自来水厂用氯水进行消毒杀菌，其实是因为 HClO 的生成。

学生活动：根据 HClO 在二维图中的位置预测其性质。

总结提升：建立了元素化合物研究思路，运用化合价—物质类别二维图来完善含氯物质之间的转化关系，在学习中渗透核心素养的培养。

设计意图：发展学生从孤立水平到系统水平分析氯气与水反应的可能产物，完善对照实验，排除干扰。发展学生分析实验现象，推论氯气性质思路的能力。通过预测 HClO 的性质，发展学生利用二维图自主、系统地预测物质性质的能力。

3.2　子项目二

3.2.1　主题引入——探秘含氯消毒剂 NaClO

教师播放新闻，引出驱动性问题："济南市南郊自来水厂自 1988 年 8 月建厂以来，一直采用氯气对自来水进行消毒，厂内常年储存 1t 氯气罐，罐内有 0.5t 氯气。2017 年 10 月，济南市南郊自来水厂开始使用 NaClO 取代氯气进行消毒，升级后的消毒工艺，不仅显著提升了水质，而且消除了重大安全隐患"，引出本课时主题，即探秘含氯消毒剂 NaClO。探秘一种化学物质的角度有制备、性质和应用。

3.2.2　自制含氯消毒剂 NaClO——从物质类别和化合价的角度设计制备 NaClO 的方案

学生展示海报，教师布置任务：学生展示课前所做海报，呈现含氯物质及其转化关系，教师引出任务 1，即以常见含氯物质为原料，利用含氯物质转化关系，设计制备 NaClO 的方案。

学生汇报自己设计的方案：学生根据已建立的含氯物质转化关系找出不同的方案，如图 3 - 55 所示。这一环节教师首先认可学生的思路，鼓励学生大胆地说出自己的设计方案。

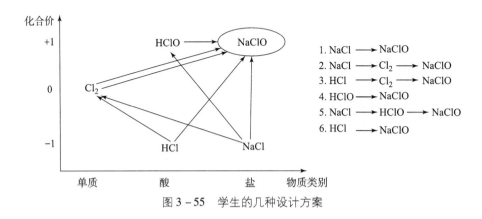

图 3 - 55　学生的几种设计方案

教师追问，提出分析型问题：学生是从哪个角度设计这些方案的？这是该环节设计的关键，该问题能够帮助学生厘清认识物质及其转化关系的角度和思路。

学生分析设计角度：设计路线从 NaCl 到 NaClO，这是从化合价角度设计的，需要加氧化剂；设计路线从 HClO 到 NaClO，这是从物质类别角度设计的，需要加 NaOH；设计路线从 NaCl 到 Cl₂ 再到 NaClO，这是从化合价和物质类别角度设计的，需要加氧化剂和 NaOH；设计路线是从 NaCl 到 HClO 再到 NaClO，这是在从化合价再到物质类别角度设计的，需要加氧化剂和 NaOH；等等。

教师概括分析角度和思路，提出分析型问题：教师概括研究物质转化的角度，引导学生根据原料和条件两个角度评价设计方案。该环节的目的是让学生从动态转化的视角对在真实情境中的元素转化关系进行整体分析和说明。

学生评价设计方案：从原料角度看，NaCl 最容易得到，从条件角度看，加碱发生中和反应容易实施；从原料角度看，盐酸比较容易得到，从条件角度看，加氧化剂容易实施。

教师评价设计方案：生活中，NaCl 是一种非常便宜又容易得到的原料，同时通电是一种发生氧化还原反应的条件，很容易实施。我们可以通过电解食盐水制备 NaClO 消毒剂，介绍电解食盐水实验装置。

$$2NaCl + 2H_2O \xrightarrow{\text{通电}} H_2\uparrow + Cl_2\uparrow + 2NaOH$$

$$Cl_2 + 2NaOH = NaCl + NaClO + H_2O$$

学生实施实验：学生进行实验，自制消毒剂 NaClO，如图 3 - 56 所示。

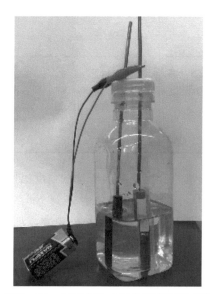

图 3 - 56　电解食盐水制备消毒剂 NaClO

3.2.3　实验探究含氯消毒剂——预测并验证 NaClO 的化学性质

教师提出疑问，提出驱动性问题，布置任务：学生通过电解食盐水得到消毒剂，并产生疑问，这瓶消毒剂能进行消毒吗？接着教师提出学生的疑问，该消毒剂能消毒吗？如何证明？引出任务二，即探究有效成分 NaClO 的化学性质。

教师追问，提出分析型问题和设计型问题：如何预测 NaClO 的化学性质？学生利用已建立的含氯物质的转化关系，从物质类别和化合价角度预测 NaClO 的化学性质，并追问如何通过实验验证预测的化学性质。请以小组为单位讨论交流，然后汇报，实施实验方案。

学生汇报设计结果：在本环节的实施过程中，大部分学生能从物质类别角度预测 NaClO 具有盐的性质，能和酸、碱、盐反应；从化合价角度预测 NaClO 具有氧化性，能和还原剂反应。在设计实验验证时，大部分学生能根据提供的试剂设计出通过与二价铁溶液或碘离子反应来验证 NaClO 具有氧化性。

学生实验验证：学生通过实验验证得到 NaClO 的氧化性，如表 3 - 22 所示。

表 3 – 22　学生设计实验及实验结论

实验内容	实验现象	实验结论
1. KI 溶液 2. 淀粉 自制消毒剂	溶液变为蓝色	NaClO 具有氧化性
1. FeSO₄ 溶液 2. KSCN 溶液 自制消毒剂	溶液变为红色	NaClO 具有氧化性

教师引导学生对性质进行补充：从弱酸盐的角度出发，结合第一课时学习到的 NaClO 的酸性比 H_2CO_3 还弱，引导学生得到 NaClO 可以与 CO_2 反应得到 NaClO。之后播放向 $Ca(ClO)_2$ 溶液中通 CO_2 的视频，加深学生对该反应的理解，这个知识点的学习也为之后含氯消毒剂的保存和使用打下基础。

教师概括总结研究无机物性质的思路和方法：$Ca(ClO)_2$ 具有盐的性质，能和酸反应生成 NaClO；$Ca(ClO)_2$ 具有氧化性，能和还原剂反应。在上述环节中，学生通过预测物质性质—设计实验—实施实验得出了 $Ca(ClO)_2$ 的化学性质，这也是研究无机物性质的一般思路和方法。

教师补充说明：介绍含氯消毒剂的消毒原理，以及用家用消毒剂试纸检测自制消毒剂的消毒能力的方法，如图 3 – 57 所示。

含氯消毒剂是指溶于水产生能够杀灭微生物的次氯酸的消毒剂。

次氯酸分子量小，易扩散到细菌表面并穿透细胞膜进入菌体内，它又是一种强氧化剂，使菌体蛋白氧化导致细菌死亡。含氯消毒剂可杀死各种微生物，包括细菌繁殖体、病毒、真菌、结核杆菌和抗力最强的细菌芽孢。

用家用消毒剂试纸检测自制消毒剂的消毒能力

有效氯可用来衡量含氯消毒剂的消毒能力，它是指每克含氯消毒剂的氧化能力相当于多少克氯气的氧化能力。

检测原理：

在含有碘化钾的酸性溶液中，次氯酸钠与碘化钾发生氧化还原反应，并释放出等量的碘单质；

再利用硫代硫酸钠标准溶液对碘单质进行滴定，根据硫代硫酸钠溶液的用量，计算样品的有效氯含量。

家用消毒剂建议有效氯浓度为500 mg/L，作用时间为10~30 min。

实验步骤：取少量自制消毒剂于试纸上，半分钟后，与比色卡颜色对比。

图 3 – 57　课堂演示文稿：含氯消毒剂消毒原理和家用消毒剂试纸介绍

学生分析试纸检测原理：学生根据家用消毒剂检测试纸原理写出离子方

程式。

$$ClO^- + 2I^- + 2H^+ ==== H_2O + Cl^- + I_2$$

学生实施实验：学生使用试纸来检测自制消毒剂的消毒能力。通过检测，学生得出自制消毒剂都能用于普通的家用消毒的结论。这一环节能够增强学生利用已有知识，自制化学用品的成就感。

3.2.4　理解含氯消毒剂的使用——根据 NaClO 性质分析消毒剂的使用原则和方法，制作家用消毒剂的说明书

教师简单概括，布置任务：消毒剂属于化学制品，需要合理使用，引出任务三，即根据这一课时学习的知识，为自制消毒剂制作说明书。

学生制作说明书：学生根据学案提供的有关生活用品的资料（见图 3 – 58），从消毒剂的有效成分、使用方法、注意事项、储存方法等方面，以小组为单位制作自制消毒剂说明书（见图 3 – 59）。

> 资料1：生活中的丝、毛制品属于蛋白质。
> 资料2：洁厕灵也是生活中常用的清洁好帮手，主要成分是盐酸。
> 资料3：生活中常用的金属制品有不锈钢、铜、铝等。

图 3 – 58　学案提供的有关生活用品的资料

教师追问，提出分析型问题：追问学生制作这些说明的依据是什么。这是该环节的关键，通过思考这一问题，能够提高学生解决实际问题的能力和对化学价值的认识水平，使学生自主调用认识物质性质及转化关系的思路方法，完成化学品安全使用的任务。

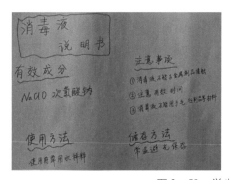

图 3 – 59　学生制作的消毒剂说明书

学生 A 汇报制作说明书依据：消毒剂不能接触金属制品，因为 NaClO 是氧化剂，具有氧化性，能与金属发生氧化还原反应；不能使用消毒剂对丝、毛制品进行消毒，因为 NaClO 会使蛋白变性；消毒剂不能与洁厕灵混用，因为二者会发生氧化还原反应。

学生 B 补充说明：消毒剂要避光保存，因为次氯酸见光易分解。

教师引导：如何使用消毒剂，消毒效果最佳?

学生对说明书进行补充：要浸泡一段时间，消毒剂的效果最佳。

教师总结问题解决的关键思路，概括学生制作说明书的分析角度，与市场上消毒剂的说明书（见图 3-60）进行对比，对学生进行肯定，增强学生学习成就感。教师展示消毒剂使蚕丝变性实验，以及 84 消毒剂和洁厕灵混合生成氯气的微型实验。市场上消毒剂的说明书和学生所做的说明书大致相同。每个学生的表现都很棒，大家也可以像科学家一样讨论问题了。

使用方法

消毒对象	配制比例（消毒液和水）	使用浓度/$(mg \cdot L^{-1})$	使用时间/min	使用方法
食/饮具	1:100	400	20	浸泡或擦拭
果蔬	1:400	100	10	浸泡
一般物品表面	1:100	400	20	浸泡或擦拭
白色织物	1:160	250	20	浸泡

注意事项

1. 外用消毒剂，勿口服；
2. 如原液接触皮肤，用清水冲洗即可；
3. 本品不适用于碳钢和铝制品的消毒；
4. 本品易使有色衣物脱色，禁用于丝、毛、麻织物的消毒；
5. 置于避光、阴凉处保存。

图 3-60　市场上消毒剂的说明书

4. 项目学习反思

化学与生活息息相关，倡导课堂与真实生活问题相结合。本教学案例是以生活中常用的含氯消毒剂为素材，以"探秘含氯消毒剂"为主题进行的项目教学，在教学实施过程中，对目标—任务—活动进行了整体规划。学习过程中，学科活动和实际应用活动融合交叉（见图 3-61），学科活动主要是探究含氯物质的相互转化关系，实际应用活动主要是解决与含氯消毒剂应用相关的实际问题。学生在实验探究的同时，概括物质性质，厘清认识物质及其转化关系的视角和路径，在解决实际应用问题的过程中不断迁移学科知识、认识思路和方法，这样有助于实现学生的深度学习。

本案例设计了两个子项目，子项目一打破传统的教学方式，课前发给学生相关资料，让学生从第一手资料中获取信息，并找到含氯物质间的转化关系，加强学生对含氯物质的认识，建立知识和实际的关联性。在课堂上，教师让学生从含氯物质的转化关系中梳理出氯气的化学性质，并引导学生从两个角度来认识氯气的化学性质，在学生认识物质性质时给予方法指导。在氯气的化学性质研究中，重点讨论了氯气和水的反应，其产物是什么，如何用实验方法验证。让学生充分讨论，大胆猜想，提出实验方案。教师根据实验事实和化学反应中原子守恒原理，可以引出氯气与水反应的化学方程式，并指明经科学实验验证，氯气与水反应的确实有次氯酸生成。由于课时限制，这里没有从微观的角度对氯水的成分做过多的解释。在认识次氯酸的性质时，学生根据所学分析氯气性质的方法，做到了学以致用。最后根据自来水厂用氯气消毒可能会有重大安全隐患，新闻材料中济南市南郊自来水厂改用次氯酸钠消毒可以避免这种安全隐患，进而把生活中的真实情境转化为化学问题，引导学生根据物质的性质认识物质之间的转化关系，从动态转化的视角对其进行整体分析和说明。从课堂效果来看，这种教学方法进一步加深了学生从物质类别和化合价两个角度认识物质性质的印象，提高了学生分析问题的能力和学习的兴趣，增强了他们的成就感。

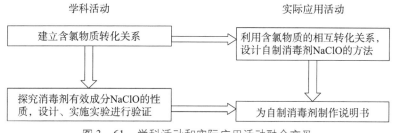

图 3-61 学科活动和实际应用活动融合交叉

子项目二从利用含氯物质转化关系设计并制备含氯消毒剂 NaClO，到探究含氯消毒剂有效成分 NaClO 的性质，再到为自制消毒剂制作说明书，共包括三个学习任务，每个学习任务包括 2~3 个学习活动，任务层层递进，活动的设计目的是促进学生能力进阶，学生在完成任务、经历活动的过程中实现了化学学科核心素养的发展。以"科学探究与创新意识"的化学学科核心素养为例，在本教学案例中，学生通过自制含氯消毒剂的探究任务，在物质性质类型的活动中获得了探究能力，素养得到了发展。

本教学案例中的学习任务需要学生概括梳理和独立思考，用制作消毒剂说明书的方式呈现任务完成的结果。上述结果是学生认识物质性质及其用途，解决真实问题的思路方法的外显，学生在面对陌生情境、陌生问题时，能够迅速进行情境关联、问题归类，从而实现自主迁移，利用已有的化学学科知识和认识思路方法解决问题。

【案例分析】

　　本项目是生态·智慧课堂在元素化合物部分的一次尝试。本项目设置了多个真实的问题情境，如自来水厂消毒、自制消毒剂、制作自制消毒剂使用说明书等，在学习化学的同时，让学生置身于生活场中，激发了学生学习化学的兴趣，拉近了化学学习与真实问题的距离，学生在活动中体验、成长；在思维场中，学生形成基于物质类别、化合价和原子结构对物质的性质进行预测和检验的认识模型，他们对物质及其转化思路的认识水平得以发展，"证据推理与模型认知"和"宏观辨识与微观探析"学科素养也得以发展；在情感场中，学生深刻体会科学认识并利用物质的重要性，同时感受化学对人类健康发展的重要性；在生命场中，学生意识到含氯消毒剂若使用不当可能会产生严重的后果，以此来增加他们的化学常识，丰富化学知识，在以后的生活实际中，合理解决化学问题，增强合理使用化学品的意识，促进学生生命的健康成长。

参 考 文 献

[1] 杨云婉.基于项目式学习的高中化学课程设计：以"探秘含氯消毒剂"为例 [J].教学设计研究，2021（10）：35 – 38.
[2] 中华人民共和国教育部.普通高中化学课程标准（2017 年版）[S].北京：人民教育出版社，2018.

依托垃圾分类活动培育学生化学学科核心素养的教学研究
——以"以可降解高分子材料探秘有机合成"为例

赵　娜

　　摘要：依托垃圾分类活动创建化学生态·智慧课堂，将教学素材聚焦可降解高分子材料聚乳酸进行教学实践，按"了解聚乳酸→明确有机合成关键→设计路线合成聚乳酸→链接生产实际"教学主线设计教学任务及活动，将有机合成的一般思路自然融入其中，同时设计核心素养课堂观察评价量表，确保核心素养得以落实。

　　关键词：有机化学；有机合成；可降解高分子材料

　　《普通高中化学课程标准（2020 年修订）》（以下简称《新课标》）明确要求

学生"具有节约资源、保护环境的可持续发展意识；能参与垃圾分类等社会性议题的讨论，并做出有科学依据的判断、评价和决策"。2018 年 1 月，教育部等多部门发布《关于在学校推进生活垃圾分类管理工作的通知》，要求各学校"大力普及垃圾分类知识，将垃圾分类知识融入教材，并且要求从课堂教学进行渗透"。同时，《北京市生活垃圾管理条例》已于 2020 年 5 月 1 日起施行。以垃圾分类的现实问题作为化学学习的真实问题情境，在这个过程中渗透化学学科核心概念，构建结构化知识体系，优化教学方式，促进学生学习方式的转变，落实核心素养的培养。

《新课标》有机化学中部分内容要求：认识有机合成的关键是碳骨架的构建和官能团的转化，了解设计有机合成路线的一般方法；认识单体和单体单元及其与聚合物结构的关系；体会有机合成在创造新物质、提高人类生活质量及促进社会发展方面的重要贡献；体会"绿色化学"思想在有机合成中的重要意义，关注有机合成的安全使用；了解新型高分子材料的优异性能及其在高新技术领域中的应用。学业要求：能综合应用有关知识完成推断有机化合物、设计有机合成路线等任务；能对单体和高分子进行相互推断，能分析高分子的合成路线；能参与环境保护等与有机化合物性质应用相关的社会性议题的讨论，能参与材料选择与使用、垃圾分类等社会性议题的讨论，并做出科学依据的判断、评级和决策。

《新课标》情境素材建议中提到"乳酸的性质和应用""塑料的发展，如从难降解的聚乙烯到易降解的聚乳酸"。2020 年 1 月，国家发展改革委、生态环境部出台了《关于进一步加强塑料污染治理的意见》，规定到 2020 年年底，全国范围餐饮行业禁止使用不可降解的一次性塑料吸管。升级版"限塑令"实施后，很多餐饮行业选择可降解的聚乳酸吸管代替原来的不可降解一次性吸管。基于此，我们设计了本教学案例——"以可降解高分子材料探秘有机合成"。

1. 教学设计思路

1.1　创设有效真实问题

从真实情境背后的教育价值出发，设计需要解决的真实问题，问题的解决指向需要完成的课堂任务。在课堂任务中，囊括核心知识、方法、素养的落实，并促进学生思维的发展[1]。本教学案例的设计思路如图 3 – 62 所示。

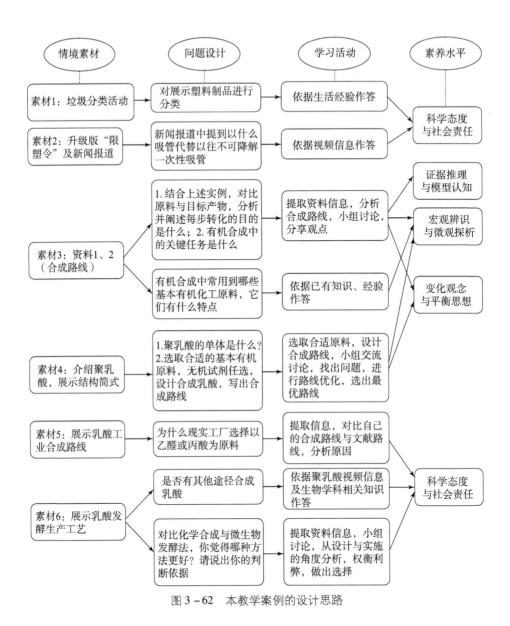

图 3-62　本教学案例的设计思路

1.2　设计核心素养课堂观察评价量表

依据教学设计思路设计学生核心素养课堂观察评价量表（见表 3-23）。

表 3-23　学生核心素养课堂观察评价量表

素养	素养水平	评价任务	学生达成效果评分（0~5分）
素养1：宏观辨识与微观探析	水平3：能运用化学符号说明物质的组成及其变化，能分析物质化学变化与微观结构之间的关系	能依据已有知识分析资料1、2中有机化合物的转化	
	水平4：能依据物质的微观结构，描述或预测物质的性质和在一定条件下可能发生的化学变化，能评估某种解释或预测的合理性	能尝试选择合适试剂，设计合成乳酸的路线；评估小组同学设计路线的合理性	
素养2：变化观念与平衡思想	水平3：形成化学变化是有条件的观念，认识反应条件对化学反应的影响	能依据反应条件辨别反应类型；在合成乳酸路线中标注反应条件	
	水平4：能对具体物质的性质和化学变化做出解释或预测，能运用化学变化的规律分析说明生产、生活实际中的化学变化	能依据化学变化规律解释资料中的化工合成路线	
素养3：证据推理与模型认知	水平2：能从宏观和微观结合上收集证据，能依据证据从不同视角分析问题，推出合理的结论	能依据微观结构变化分析资料中的未知反应	
素养5：科学态度与社会责任	水平2：具有"绿色化学"观念，能运用所学知识分析和探讨某些化学过程对人类健康、社会可持续发展带来的双重影响	能正确进行垃圾分类，意识到白色污染的严重性，以及部分资源的循环利用	
	水平3：能依据实际条件并运用所学的化学知识和方法解决生产、生活中简单的化学问题；在实践中逐步培养节约成本、循环利用、保护环境的观念	能通过探讨自己设计的合成路线与文献中真实工业路线的差异，培养节约成本、保护环境的观念	

续表

素养	素养水平	评价任务	学生达成效果评分（0~5分）
素养5：科学态度与社会责任	水平4：能依据"绿色化学"思想对某一个化学过程进行分析，权衡利弊，做出合理的决策	能分析对比化学合成法与发酵法的利弊，做出合理决策	

2. 教学实践

2.1 课堂实录

2.1.1 环节一：情境引入

《北京市生活垃圾管理条例》于2020年5月1日正式实施，垃圾分类，人人有责。垃圾分类活动如图3-63所示。

图3-63 垃圾分类活动

学生活动：依据生活经验进行作答，饮料瓶、塑料盆属于可回收垃圾，食品袋、污损塑料袋属于其他垃圾。

素材介绍：塑料制品给人们的生活带来很多便利。可回收塑料制品通过回收加工再利用，不可回收塑料制品一般采取焚烧或填埋方式处理，焚烧会污染大气，填埋占用土壤资源，而且很多不可回收塑料制品都是不可降解的，会引起白色污染。基于此，国家出台升级版"限塑令"，公共机构停止使用不可降解一次性塑料制品名录（第一批）如图 3-64 所示。实施一段时间后效果如何？观看新闻报道（CCTV2）。

公共机构停止使用不可降解一次性塑料制品名录（第一批）

1. 不可降解一次性塑料餐盒：不可降解一次性塑料盒、碗、盘、碟等。

2. 不可降解一次性塑料餐具：不可降解一次性塑料刀、叉、勺等（不包括预包装食品使用的一次性塑料餐具）。

3. 不可降解一次性塑料吸管（不包括牛奶、饮料等食品外包装上自带的塑料吸管）。

4. 一次性塑料水杯、饮料杯。

5. 厚度小于 0.025 毫米的超薄塑料购物袋。

6. 含塑料微珠的日化产品。

说明：不可降解材料是指含聚乙烯、聚丙烯、聚苯乙烯、聚氯乙烯、乙烯-醋酸乙烯、聚对苯二甲酸乙二醇酯等非生物降解高分子材料。

图 3-64　公共机构停止使用不可降解一次性塑料制品名录（第一批）

问题：新闻报道中提到以什么吸管代替以往不可降解一次性吸管？

学生活动：观看视频，回答"可降解的聚乳酸"。

素材介绍：（视频）聚乳酸是一种新型的可生物降解、绿色环保的高分子材料，且应用广泛。

学生活动：观看视频，了解聚乳酸的特点、性能及应用等。

设计意图：通过垃圾分类活动，引导学生了解资源的循环利用及"白色污染"的严重性，从而分析和探讨某些化学材料给人类健康、社会可持续发展带来的双重影响，进而落实核心素养"科学精神与社会责任"。通过观看两段视频，引导学生了解新型可降解高分子材料——聚乳酸，渗透"绿色化学"的观念，体现学科价值。

2.1.2 环节二：分析典型合成路线，明确有机合成的关键

资料 1：手术用药——苯佐卡因的合成（2020，海南高考）。

甲苯 $\xrightarrow[\text{浓 } H_2SO_4, \triangle]{\text{浓 } HNO_3}$ 对硝基甲苯（NO_2、CH_3）$\xrightarrow[H^+, \triangle]{KMnO_4}$ 对硝基苯甲酸（NO_2、$COOH$）$\xrightarrow[\text{浓 } H_2SO_4, \triangle]{C_2H_5OH}$ 对硝基苯甲酸乙酯（NO_2、$COOC_2H_5$）$\xrightarrow[HCl]{Fe}$ 对氨基苯甲酸乙酯（NH_2、$COOC_2H_5$）

资料 2：牙齿黏合剂的中间产物——甲基丙烯酸的合成（2018，北京西城一模）。

$CH_3COCH_3 \xrightarrow{HCN, \triangle} CH_3\overset{OH}{\underset{CN}{C}}CH_3 \xrightarrow{H^+/H_2O} CH_3\overset{OH}{\underset{COOH}{C}}CH_3 \xrightarrow[\triangle]{\text{浓 } H_2SO_4} CH_2=\overset{CH_3}{\underset{}{C}}-COOH$

思考：结合上述实例，对比原料与目标产物，分析并阐述每步转化的目的，以及有机合成中的关键任务。

学生活动：提取资料信息，分析合成路线，小组讨论，分享观点。

分享与结论：

分析资料 1。

学生 1：第一步甲苯通过硝化反应引入硝基，第二步通过酸性高锰酸钾把甲基氧化为羧基，第三步羧基与乙醇进行酯化反应，第四步硝基被还原为氨基。

追问：为什么进行硝化反应？为什么硝基取代苯环上甲基的对位？为什么把甲基氧化为羧基？

学生 1：通过比较原料与目标产物，发现目标产物中苯环对位上有氨基，可通过第一步硝化反应与第四步还原反应而引入；发现原料中甲基在目标产物中为酯基，因此对甲基进行氧化。

分析资料 2。

学生 2：第一步丙酮中酮羰基与氰化氢加成，第二步把氰基变为羧基，第三步羟基的消去生成碳碳双键。

追问：为什么进行酮羰基与氰化氢的加成反应？

学生 2：通过对比原料与目标产物，发现目标产物中多了一个碳原子，要增长碳链。

师生共同总结：有机合成中的关键任务是官能团的转化和碳骨架的构建（板书）；为了构建目标分子的碳骨架，在碳骨架的指定位置引入官能团，要选择合适的试剂及反应条件进行转化。

设计意图：展示资料 1、2，通过引导学生依据物质的微观结构分析其化学

变化，培养学生的"微粒观"，从而落实核心素养"微观探析"；通过引导学生对比前后物质结构变化来分析资料中的未知反应，落实核心素养"证据推理"；通过引导学生完成上述分析、讨论与表达交流，使学生明确有机合成的关键是构建碳骨架，以实现碳链的改变；有选择地通过有机反应引入目标官能团或实现官能团的转化，培养学生的"变化观"，从而落实核心素养"变化观念"，在此过程中，学生也能深刻感受到之前学习常见有机化合物间相互转化关系的应用价值。

2.1.3　环节三：制备聚乳酸

素材介绍：聚乳酸的结构如下。

$$H\left[O-\underset{\underset{CH_3}{|}}{C}-\overset{\overset{O}{\|}}{C}\right]_n OH$$

问题：聚乳酸的单体是什么？写出单体的结构简式。

学生活动：依据已有知识，分析其结构特点，运用逆合成分析法得出聚乳酸由乳酸缩聚而得到，因此单体结构为 $CH_3CH(OH)COOH$。

任务：选取合适的基本有机原料，无机试剂任选，设计合成乳酸，写出合成路线（用结构简式表示有机化合物，用箭头表示转化关系，箭头上注明试剂和反应条件）。有机合成中常用的基本有机化工原料如表 3-24 所示。

表 3-24　有机合成中常用的基本有机化工原料

类别	基本有机化工原料
"四烯"	乙烯（$CH_2{=}CH_2$）、丙烯（$CH_2{=}CHCH_3$）、丁烯（如 1-丁烯，$CH_2{=}CH{-}CH_2{-}CH_3$）、1,3-丁二烯（$CH_2{=}CH{-}CH{=}CH_2$）
"三苯"	苯（⬡）、甲苯（⬡CH_3）、二甲苯（如邻二甲苯，⬡$\begin{smallmatrix}CH_3\\CH_3\end{smallmatrix}$）
"一炔"	乙炔（$HC{\equiv}CH$）

学生活动：选取合适原料，先单独思考、设计，再进行小组交流讨论，找出问题，进行路线优化，选出最优路线（教师参与其中，给予学生适当点拨与指导）。

分享与结论：选取代表性合成路线，进行投影扫描（可直接批注修改），学生分别进行合成路线汇报、分享交流。

学生设计路线 1：

$$H_3C-CH=CH_2 \xrightarrow{Br_2} H_3C-\underset{Br}{CH}-\underset{Br}{CH_2} \xrightarrow[\triangle]{NaOH\ 水溶液} H_3C-\underset{OH}{CH}-\underset{OH}{CH_2} \xrightarrow[\triangle]{O_2/Cu}$$

$$H_3C-\underset{OH}{CH}-CHO \xrightarrow[\triangle]{O_2，催化剂} H_3C-\underset{OH}{CH}-COOH$$

学生设计路线 2：

$$H_3C-CH=CH_2 \xrightarrow[催化剂，\triangle]{H_2O} H_3C-CH_2-\underset{OH}{CH_2} \xrightarrow{KMnO_4\ 溶液} H_3C-CH_2-COOH \xrightarrow[光照]{Cl_2}$$

$$H_3C-\underset{Cl}{CH}-COOH \xrightarrow[\triangle]{NaOH\ 水溶液} H_3C-\underset{OH}{CH}-COOH$$

学生设计路线 3：

$$H_2C=CH_2 \xrightarrow[\triangle]{HCN} H_3C-CH_2-CN \xrightarrow{H^+/H_2O} H_3C-CH_2-COOH \xrightarrow[光照]{Cl_2}$$

$$H_3C-\underset{Cl}{CH}-COOH \xrightarrow[\triangle]{NaOH\ 水溶液} H_3C-\underset{OH}{CH}-COOH$$

学生设计路线 4：

$$H_2C=CH_2 \xrightarrow[催化剂，\triangle]{HBr} H_3C-CH_2Br \xrightarrow[\triangle]{NaOH\ 水溶液} H_3C-CH_2OH \xrightarrow[\triangle]{O_2/Cu}$$

$$H_3C-CHO \xrightarrow[\triangle]{HCN} H_3C-\underset{OH}{CH}CN \xrightarrow{H^+/H_2O} H_3C-\underset{OH}{CH}-COOH$$

学生设计路线 5：

$$HC\equiv CH \xrightarrow[\triangle]{HCN} H_2C=CHCN \xrightarrow{H^+/H_2O} H_2C=CHCOOH \xrightarrow[催化剂，\triangle]{HBr}$$

$$H_3C-\underset{Br}{CH}COOH \xrightarrow[\triangle]{NaOH\ 水溶液} H_3C-\underset{OH}{CH}-COOH$$

经过生生、师生共同讨论、相互评价，从副产物、反应步骤、保护环境等角度分析，优化合成路线，最终设计出最优路线，即

$$HC\equiv CH \xrightarrow[催化剂，\triangle]{H_2O} H_3C-CHO \xrightarrow[\triangle]{HCN} H_3C-\underset{OH}{CH}CN \xrightarrow{H^+/H_2O} H_3C-\underset{OH}{CH}-COOH$$

师生共同总结：有机合成中运用的思路和方法是逆向合成分析法（切分）与正向合成分析法（比较），在设计与实施中需要确保原料易得、步骤少、副产物少。

设计意图：设计合成乳酸路线是具有挑战性的任务。该任务具有较大的开放性和驱动性，是本课时的核心教学环节之一。学生在这一任务的驱动下，分小组开展合成路线的方案设计，同时在教师引导下对设计的合成路线进行优化和完善，小组内进行交流、反思，做出合理决策等，以实现课堂学习评价，体现"教、学、评"一体化。通过引导学生选择合适试剂及反应进行路线设计，并能评价小组同学设计路线的合理性，落实核心素养"微观探析""变化观念"的培养。

2.1.4 环节四：链接生产实际

素材介绍：文献 [2] 中记载的工业合成乳酸方法如下。

乙醛氢氰酸法：

$$CH_3CHO \xrightarrow{HCN} CH_3CH(OH)CH \xrightarrow[H_2O]{H_2SO_4} CH_3CH(OH)COOH$$

丙酸氯化法：

$$CH_3CH_2COOH \xrightarrow[\text{光}]{Cl_2} CH_3CHClCOOH \xrightarrow[H_2O, \triangle]{NaOH} CH_3CH(OH)COOH$$

问题：除化学合成法外，是否有其他途径合成乳酸？

学生活动：依据聚乳酸介绍视频及生物学科基础知识回答——微生物发酵法。

追问：利用微生物发酵法可以选择哪些原料？

学生活动：依据已有知识经验回答——土豆、玉米等粮食。

追问：从成本角度考虑，还有没有其他选择？

学生活动：依据生活经验回答——废弃的食物等。

师生共同总结：利用微生物发酵法，可以选择的原料有粮食、农业废弃物（如玉米秸秆）、厨余垃圾等[3]。合成乳酸的主要方法如图3-65所示。

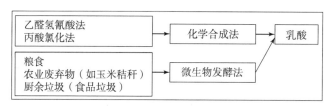

图3-65 合成乳酸的主要方法

任务：微生物发酵法生产工艺如图 3－66 所示。

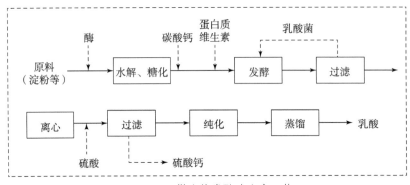

图 3－66　微生物发酵法生产工艺

问题：对比化学合成法与微生物发酵法，你觉得哪种方法更好？请说出你的判断依据。

学生活动：提取资料信息，小组讨论，从设计与实施的角度分析，权衡利弊，做出选择。

分享与结论如下。

学生 3：从原料成本、保护环境角度分析，利用农业废弃物和厨余垃圾发酵制备乳酸，节约成本，可实现资源再利用，属于"绿色合成"方法。

学生 4：从合成流程角度分析，微生物发酵法生产工艺步骤多，发酵时间长，并且农业废弃物和厨余垃圾的大量收集较困难，而化学合成法可以快速、大量生产。

补充资料信息：改进微生物发酵法（同步糖化法），如整合发酵步骤，缩短发酵时长，提高发酵产率。

师生共同总结：化学合成法与微生物发酵法各有利弊，微生物发酵法成本低、绿色环保，而化学合成法可以快速、大批量生产。同时，注意到微生物发酵过程也是生物化学综合运用过程，体现了学科间的融合。

设计意图：通过引导学生探讨自己设计的合成路线与文献中工业路线的差异，逐渐形成节约成本的观念；通过引导学生分析化学合成法与微生物发酵法的利弊，形成资源循环利用的观念，培养学生"绿色化学"的思想；同时体现了化学、生物学科的融合，从而落实核心素养"科学精神与社会责任"。

2.1.5　环节五：课堂小结

总结本课时重点内容，完善有机合成的一般分析思路[4]，如图 3－67 所示。

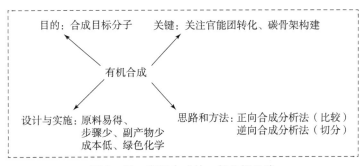

图 3 - 67　有机合成的一般分析思路

2.2　评价量表分析

本课时共收回有效评价表 9 份，素养水平达成效果评分如图 3 - 68 所示。

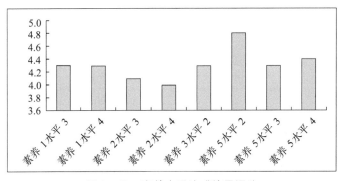

图 3 - 68　素养水平达成效果评分

通过课堂观察评价量表，评价学生素养水平达成效果。由素养水平达成效果评分可以得出，本课时素养落实与预期一致，其中最突出的是"科学精神与社会责任"的水平 2。

设计课后检测题，通过设定检测目标、评价指标，设计统计分析及解决方案。

检测题 1：苯甲酸甲酯$\left(\vcenter{\hbox{结构式}}\right)$是一种常用的调和香料，请以甲苯为原料，进行有机合成路线设计。

检测题 2：以乙醇和苯甲醛为原料，选用必要的无机试剂合成以下有机物：

请写出合成路线。

已知：① $RCHO + R'CH_2CHO \xrightarrow[\triangle]{NaOH\ 溶液} RCH{=}CCHO + H_2O$
（下标 R' 在 C 上）

检测题 3：PBAT（聚己二酸/对苯二甲酸丁二酯）可几乎被微生物完全降解，成为包装、医疗和农用薄膜等领域的新兴材料。其中很重要的一种中间产物为 $HOOC{-}(CH_2)_4{-}COOH$，请以苯为有机原料，无机试剂任选，合成该中间产物，写出合成路线。

已知：$R_1{-}CH{=}CH{-}R_2 \xrightarrow[H^+]{KMnO_4} R_1{-}COOH + R_2{-}COOH$

课后检测分析如表 3-25 所示。

表 3-25　课后检测分析

检测目标	题目内容	评价指标	数据统计及分析	设计解决方案
学生对官能团引入的掌握（引入羟基、羧基）	检测题 1	（1）能否运用逆向合成分析法对目标产物进行正确切分；（2）能否正确引入羟基、羧基	（1）约 80% 学生能对目标产物进行正确切分；（2）约 70% 学生能正确引入羟基及羧基	通过每周一道有机合成推断题对基础知识进行巩固
学生运用新信息进行碳骨架构建的能力及对官能团转化的掌握	检测题 2	（1）能否对目标产物中的酯基进行正确切分；（2）能否运用信息进行碳骨架构建；（3）能否在官能团转化时，注重官能团保护	（1）约 80% 学生能对目标产物进行正确切分；（2）约 60% 学生能正确进行碳骨架构建；（3）约 30% 学生注重官能团保护	依据新信息进行碳骨架构建是有机合成中的难点，设计利用新信息进行物质转化的专题课，并在测试中设计相关题目加以考查
学生运用新信息进行碳骨架重组（成环、开环）的能力	检测题 3	（1）能否运用新信息进行碳骨架重组；（2）能否正确进行官能团引入和转化	（1）约 80% 学生关注到新信息；（2）约 30% 学生正确合成路线	碳骨架的重组（成环、开环）是有机合成中的难点，利用有机推断题设计专题课进行练习

3. 教学反思

（1）依托课堂观察评价量表进行目标达成度分析。

依据教学目标及评价目标设计学生素养评价量表、教学评价量表，通过评分直观进行本节课目标达成度分析，量表结果显示目标基本达成。

（2）注重垃圾分类的真实情境创设，彰显化学学科价值。

化学是一门重视生活经验、实践应用的学科，在化学教学中，生活元素多种多样。选取合适的情境素材、创设有效的课堂真实问题至关重要。以生活垃圾分类为切入点，关注到可回收塑料及不可回收塑料，进而关注社会热点问题，即升级版"限塑令"，从而在新闻报道中引出可降解高分子材料聚乳酸，再设计真实问题探究有机合成。这些真实的情境激发了学生的探究兴趣，促使学生自主学习，从而使学生从生活世界走进化学世界，体会化学学科的社会价值。

（3）渗透环保意识，关注学科育人。

通过垃圾分类活动及了解可降解高分子材料聚乳酸，引导学生关心与环境保护相关的社会热点问题，形成与环境和谐共处、合理利用资源的观念。通过探讨有机合成中设计与实施的关键点，引导学生增强"绿色化学"的观念，了解在生产实际中要节约成本、保护环境等，同时培养学生的科学精神与社会责任感，实现化学学科的育人价值。

（4）注重"教、学、评"一体化，关注学生核心素养的发展。

化学日常学习评价不能游离于化学教与学之外，应与化学教与学活动有机融合在一起。在驱动性任务中通过提问、追问、师生互动、生生互动等实现学习评价，通过观察学生在小组讨论、小组汇报等活动中的表现，再结合课堂观察评价量表，实现对学生核心素养发展水平的准确把握。

【案例分析】

本案例是生态·智慧课堂在有机化学基础部分的一次尝试。在生活场中，学生进行生活垃圾分类活动，关注可回收塑料及不可回收塑料，进而关注社会热点问题，使学生感受到生活世界与化学世界的密切关联；在思维场中，学生通过自主分析有机合成的关键，以及设计可降解高分子材料聚乳酸的合成路线来构建分析有机合成的一般思路，学生的科学思维得到启迪；在情境场中，学生通过垃圾分类活动，了解资源循环利用的重要性，以及有机化学给人类健康、社会可持续发展带来的重要影响，形成"绿色化学"的观念，体会化学学科价值；在生命场中，学生对物质世界有了更加客观本质的认识，生命得以健康成长。

参 考 文 献

[1] 卢运. 基于真实情境的深度学习教学探索 [J].中学化学教学参考，2020
（3）：26－29.

[2] 梁诚. 乳酸生产、应用及市场前景 [J].广西化工，2000（29）：37－38.

[3] 刘晓飞. 乳酸的制备及在养殖业的研究进展 [J].饲料研究，2021（10）：
141－145.

[4] 刘臣. 深度学习理念下促进学生学科认知能力发展 [J].化学教与学，2021
（2）：47－52.

后　记

　　身为教育工作者，发展学生终身学习的能力，培养顺应时代需求的高端人才，是我们的责任和义务。身为教育工作者，认清教育的本质是成全与唤醒，帮助学生发现自己的智慧潜能，是我们需要积极探索研究的方向。为了让学生在几年的中学化学学习中获得终身受益的解决问题的能力，北京一零一中学的化学教师积极实践，共同努力，研发了化学学科的生态·智慧血红素模型，创设了真实课堂，孕育了这个课堂教学实践体系。

　　本书共 3 章。第 1 章介绍了中学化学生态·智慧课堂教学资源建设的意义，对本项目的研究背景、研究基础、研究意义、研究方案，以及化学学科的生态·智慧模型及其含义进行了详细的介绍。在本模型的指导下，通过化学组全体教师共同努力，在初中和高中阶段分别进行了尝试，这就有了本书的后续内容。第 2 章为初中化学生态·智慧课堂教学实施路径及案例，初中化学只有初三一年，为整个中学化学的启蒙和基础，结合教学内容及课程标准，本章主要分为 4 节——科学探究与化学实验、物质的性质与应用、物质的组成与结构、化学与社会发展，每节下面配 1~2 个教学案例，重在引起学生对化学的兴趣，初步建立化学学习的思维，形成正确的化学观念，初建化学核心素养。第 3 章为高中化学生态·智慧课堂教学实施路径及案例，结合高中化学课程的主题，本章分为 5 节——常见无机物与性质、化学反应原理、物质结构与性质、有机化学、化学与社会发展，每节下面配 2~4 个教学案例，重在引领学生对化学进行深度学习，深入体会化学区别于其他学科的特点，体会化学本质，赞叹化学之美，最终形成终身受益的解决问题的能力。本书旨在实现生态·智慧课堂的终极目标——促进学生智慧的生成和生命的成长。

　　生态·智慧教学资源的开发还有很长的路要走，我们需要更多地尝试创新和努力，希望这本书能为同行提供可借鉴的思路，也欢迎有识之士加入我们，同我们一起研究成长，尽我们所能地实现化学学科生态·智慧血红素模型的理念：让每一次课堂都成为一场呼吸，让每一次呼吸都促进学生生命的成长。